공부 도파민

몰입과 즐거움이 만드는 자기주도학습

공부

김영득 지음

몰입과 즐거움이 만드는
LEARNING AGENCY
자기주도학습

도파민

한울림

프롤로그

배움은 즐거움에서 시작된다

"봐봐, 이거 나 혼자 풀었는데 다 맞았어!"

짜릿한 배움의 순간입니다. 이때 아이의 뇌에서는 도파민이 분출됩니다. 이는 단순한 쾌감을 넘어, 아이에게 '다음에도 해보고 싶다'는 마음을 일으킵니다. 성취의 기쁨이 새로운 도전을 향한 동기로 바뀌는 순간이지요.

배움은 본래 즐거운 일입니다. 한 걸음 두 걸음 내딛었을 때의 설렘, 손을 아무리 뻗어도 닿지 않던 곳에 손이 닿는 순간의 짜릿함, 스스로 신발 끈을 묶었을 때의 뿌듯함. 이 모두가 배움의 과정에서 경험할 수 있는 자연스러운 기쁨입니다. 그리고 이런 배움의 즐거움은 공부라고 다르지 않습니다.

흔히 공부는 지루하고 어려운 일이라 생각하지만, 그 안에도 도전과 성취가 주는 즐거움이 숨어 있습니다. 그런 의미에서 공부는 도파민이 활발히 작동하는, 매우 체계적인 종합 엔터테인먼트라 할 수 있습니다. 공부의 구조 자체가 '성장'과 '보상'을 반복하도록 설계되어 있기 때문입니다. 게임을 레벨업하는 것처럼 한 계단 한 계단 성장해 가는 구조이지요. 게다가 요즘은 책, 영상, 디지털 교구 등 다양한 학습 매체를 통해 자신의 성향에 맞는 방식으로 공부하며 효능감을 만끽할 수 있습니다. 친구들과의 경쟁이 긍정적 자극이 되기도 하고, 스스로 가꿔갈 미래에 대한 기대감이 공부 도파민을 더욱 활성화시키기도 합니다.

공부에 무슨 도파민이냐고요? 중·고등학교쯤 되면 의무감에 공부하는 게 당연한 일 아니냐고요? 물론 그렇게 생각하시는 분들도 많으실 겁니다. 그러나 교실에서 오랜 시간 아이들을 가르친 경험으로 말씀드리자면, 꼭 그렇지만은 않습니다. 회색빛 교실에서 하루 종일 깨알같은 글씨로 채워진 문제집을 푸는 아이들 중에도, 여전히 배움의 즐거움을 느끼며 대학

입시에 성공하는 아이들이 있거든요.

어떤 아이는 중학생, 고등학생이 되어서도 도파민이 살아 있는 설레는 공부를 이어갑니다. 또 어떤 아이는 어느 순간부터 공부의 즐거움을 잃어버리고 말지요. 어떻게 해야 공부 도파민을 오래 지속시킬 수 있을까요? 그 해답은 바로 '학습 주도성'에 있습니다.

학습 주도성은 아이가 스스로 공부의 의미를 이해하고, 목표를 세우며, 학습 과정 전체를 조절하는 힘입니다. 이 힘이 단단할수록 공부 도파민이 외부 자극에 흔들리지 않고, 더 오래 더 안정적으로 유지됩니다.

우리는 코로나 시기에 이를 직접 경험했습니다. 학교에 가지 못해 스스로 공부해야 하는 상황에 놓였을 때, 배움의 즐거움을 알고 주도적으로 공부한 아이들은 오히려 성적이 올랐습니다. 억지로 공부하던 아이들의 성적은 눈에 띄게 떨어졌지요. 이후 디지털 학습 환경이 빠르게 확산되면서 태블릿을 학습 도구로 활용해 즐겁게 공부하는 아이와, 같은 기기로 영상과 게임에 몰두하는 아이의 학습 격차는 더욱 커졌습니다.

도파민을 공부 과정에서 느끼는 일시적인 자극으로만 보면, 그 효과는 오래가지 않습니다. 이 도파민을 '자기 결정과 성취의 결과'로 인식할 때, 비로소 지속 가능한 학습 동기로 전환됩니다. 외부 자극이 아니라 내면의 주도적 에너지에서 비롯된 도파민만이 아이를 스스로 공부하게 만드는 진짜 힘이기 때문입니다. 따라서 여기서는 공부 도파민을 단순한 '흥미'가 아니라, '주도성에서 발현된 내적 동기'로 다루고자 합니다.

우리의 목표는 분명합니다. 아이들이 억지로가 아니라, 즐겁게 공부할 수 있도록 돕는 것입니다. 어차피 해야 하는 공부라면 괴롭지 않게, 조금이라도 즐겁게 할 수 있도록 말이지요. 저 역시 아이를 키우고 학생들을 가르치며, 어떻게 하면 아이들이 배움의 즐거움을 잃지 않고 공부를 이어갈 수 있을까를 늘 고민해 왔습니다. 이 책은 그 오랜 고민과 실천, 그리고 교육 현장에서 얻는 생생한 경험을 바탕으로 탄생했습니다.

아이와 보내는 시간은 늘 어려움과 기쁨이 공존합니다. 그 과정에서 아이가 타고난 배움의 본능이 깨어나고, 공부 도파민이 피어오르는 모습을 지켜보는 일만큼 보람찬 순간도 없습니다. 이 글을 읽는 모든 분들께, 아이와 함께 배움을 일궈가는 과정이 순수한 즐거움으로 채워지길 바랍니다.

김영득

차례

프롤로그 배움은 즐거움에서 시작된다 5

1장 설레는 공부의 시작 공부 도파민을 깨워라
주도적 배움을 이끄는 힘, 임파워먼트 17
욕구를 공부로 옮기는 능력, 자기조절 34
스스로 공부하고 싶어지는 에너지, 공부 도파민 48

2장 공부 도파민과 함께 오래 즐겁게 공부하기
나의 공부 유형은? 사냥꾼과 파수꾼 69
공부의 세 중심축: 수업, 문제풀이, 개념이해 85
공부의 왕은 질문의 왕! 98
최상위권 학생의 비밀, 초집중 114
공부법을 넘어서는 상위 능력, 메타인지 129
등수 이상의 것을 보여주는 성적표 읽기 141
반항의 감정이 공부의 불씨가 될 때 160
설레는 공부만이 오래가는 이유 173

설레는 공부의 시작
공부 도파민을 깨워라

한창 호기심이 충만한 시기에 아이의 눈에 비치는 모든 것이 도파민투성이입니다. 새로운 것, 신기한 것, 재미있는 것이라면 무엇이든 마음을 빼앗기지요. 하지 말라고 해도 한 가지에 꽂히면 끝까지 파고듭니다. 그래서 이 시기에 공룡박사, 자동차박사, 곤충박사 등 온갖 박사들이 탄생합니다.

문제는 시간이 지나면서 도파민이 반응하는 대상이 달라진다는 점입니다. 처음에는 세상에 대한 순수한 호기심이 도파민을 자극했다면, 점차 게임이나 동영상처럼 더 강하고 즉각적인 즐거움을 주는 것에 끌리게 됩니다. 강렬한 자극에 익숙해질수록 학습에 필요한 집중력과 인내심은 약해지지요.

공부에서 도파민을 느끼려면, 공부 과정 자체가 즐겁고 의미 있어야 합니다. 누가 시켜서가 아니라, 스스로 선택하고 성취감을 맛볼 때 뇌는 그 경험을 '즐거운 행동'으로 인식합니다. 이렇게 스스로 즐겁게 공부하고, 내면의 동기로 움직이는 힘을 '학습 주도성'이라고 부릅니다.

학습 주도성이 발달한 아이는 자신에게 맞는 방법을 찾아 적용하며, 쉽게 포기하지 않고 목표를 향해 꾸준히 나아갑니다. 그

것은 단순히 성적이 좋은 것과는 다릅니다. 스스로 배우고 성장하고자 하는 내적 동기에서 비롯된 힘이기 때문입니다.

어찌 보면 공부는 '학습 주도성'이라는 큰 배에 '지식'이라는 화물을 싣고, '시험'이라는 파도를 넘어 자신만의 목적지를 향해 나아가는 긴 항해와도 같습니다. 배가 부실하면 지식을 단단히 쌓아올리기도 어렵고, 시험이라는 파도를 헤쳐나가기도 버거울 테지요.

학습 주도성은 학생 때만 필요한 능력이 아닙니다. 스스로 배우고 탐구하며 실행하는 태도는 공부를 넘어 삶 전체에 꼭 필요한 힘입니다. 어른이 되어서도 일, 관계, 자기관리 등 여러 영역에서 삶을 주체적으로 살아가는 기반이 됩니다.

그렇다면 어떻게 해야 아이들의 학습 주도성을 튼튼하게 키울 수 있을까요? 아이가 스스로 동기를 느끼고, 자신만의 속도로 배움을 이어갈 수 있으려면, 몇 가지 인지적·심리적 조건이 뒷받침되어야 합니다. 지금부터 그 핵심 조건들을 하나하나 살펴봅시다.

주도적 배움을 이끄는 힘, 임파워먼트

"내가 할래!"

아이가 달려와 수건을 척척 개어 욕실로 가져갑니다. 서점에 들르면 냅다 달려가서 읽고 싶은 책을 골라오고, 저녁을 먹은 뒤 쉬는 시간에도 책에 푹 빠져 있습니다. 시키지도 않았는데 스스로 알아서 하는 아이의 모습에 절로 미소가 지어집니다. '우리 아이가 말로만 듣던 그 엄친아?'라는 생각이 들기도 합니다.

그런데 웬일일까요? 본격적으로 공부에 힘을 쏟아야 할 시기가 되었는데, 책보다 핸드폰을 보는 시간이 더 길어집니다. 그날 하기로 한 과제에도 좀처럼 집중하지 못합니다. 부모의 당부에 늘 "응! 할게!" 하며 씩씩하게 대답하던 아이가, 언제부터인가 부모의 마음은 모른다는 듯 슬쩍 고개를 돌려 외면합니다. 부모를 웃게 하던 아이가, 이젠 공부 문제로 부모를 한숨짓게 하네요.

걱정되는 마음에 당장 쓸 수 있는 방법은 다 써봅니다. 잘 가르친다는 학원을 알아보고, 공부 잘하는 친구와 함께 시간을 보내게 하고, 학구열이 높은 곳으로 이사까지 고민합니다. 현실적으로 가능한 방법은 모두 동원해 보지만, 아이의 태도는 쉽게 달라지지 않습니다. 잠깐 달라진 것처럼 보여도, 그 변화는 오래가지 않지요. 부모 눈에 비친 변화가 아이의 내면에서 시작된 진짜 변화가 아니라, 바깥으로 잠깐 드러난 일시적인 현상에 불과하기 때문입니다.

배움에 대한 욕구, 즉 공부 도파민이 다시 살아나기 위해서는 학습 주도성이 무엇인지 깊이 이해하고, 이를 키울 수 있는 방법들을 일상 속에서 꾸준히 실천해야 합니다. 주도성은 아이가 배움의 과정을 스스로 이끌어가는 힘이자, 세상과 자기 삶을 연결하는 핵심 역량입니다. 주도성이 없는 공부는 그저 '남이 시킨 일'에 불과해 쉽게 흔들리지만, 주도성이 뿌리내린 공부는 아이의 삶 전체를 단단히 붙잡아줍니다. 결국 공부란, '스스로 하는 것'이니까요.

주도성의 엔진이 꺼지지 않게 하려면

아이들은 타고난 주도성을 발휘해 스스로 성장하는 힘이 있습니다. 뭐든지 "내가! 내가!" 하며 손을 번쩍 드는 주도성으로 말을 배우고, 친구를 사귀며, 세상을 알아갑니다.

아이들이 지닌 주도성은 마치 자동차의 엔진과도 같습니다. 길이 분명하고 방향이 잘 설정되어 있을 때 엔진은 멈추지 않고 힘차게 앞으로 나아가지요. 하지만 자꾸 딴길로 새고 이리저리 방향을 바꾸면 속도는 자연스럽게 줄어들 수밖에 없습니다. 무엇에 집중해야 할지 갈피를 못 잡고, 우왕자왕하면 주도성은 점차 약해집니다. 그렇게 되면 공부는 '스스로 해나가야 하는 일'이 아니라, '막막하고 피곤한 일'로 느껴집니다. 공부 도파민 역시 차갑게 식어버리겠지요.

아직 사고력과 판단력이 충분히 형성하지 않은 시기에는 부모가 길잡이가 되어 방향을 잡아주고, 아이 스스로 성장해 나갈 수 있도록 도와주는 것이 필요합니다. 그렇게 조금씩 아이가 자신의 속도와 리듬을 찾아가다 보면, 스스로 판단하고 선택할 수 있는 시기가 찾아옵니다. 그때는 아이에게 온전히 운전대를 맡겨도 되겠지요.

이 과정에서 부모가 지나치게 앞서가거나 과도하게 개입하면 아이의 주도성 발달에 오히려 방해가 될 수 있습니다. 성공이든 실패든 결과와 관계없이 스스로 선택하고 책임지는 경험이 부족하면 주도성은 제대로 자라지 못합니다. 그런데 아이가 겪을 작은 실패조차 안타까워 '이리 가라', '저렇게 해보라'며 일일이 방향을 정해주는 부모들이 있습니다. 이러한 행동은 조수석에 앉은 부모가 아이의 손에서 운전대를 빼앗는 것과 다르지 않습니다.

학습자인 아이를 운전자에 비유한다면, 양육자인 부모의 역할은 어디까지나 네비게이션이라 보는 것이 합리적입니다. 운전자는 목적지를 내비게이션에 입력하고, 추천하는 여러 경로 중 최선의 길을 선택합니다. 문제는 내비게이션이 제시하는 길이 언제나 정답은 아니라는 겁니다. 간혹 도로 공사나 사고로 인해 예상치 못한 정체 상황을 만날 수도 있고, 안내 자체가 오류일 수도 있지요.

얼마 전에 네비게이션 때문에 낭패를 본 적이 있습니다. 운전하다 보면 누구나 한 번쯤 겪는 일이지요. 잘 뻗은 도로를 따라 3분이면 도착할 수 있는 목적지였는데, 네비게이션은 오른쪽으로 빠지라고 안내하더군요. 이상하다 싶었지만 반신

반의하며 핸들을 돌렸습니다. 그랬더니 언덕을 굽이굽이 돌아 10분 넘게 걸려 도착했습니다. 억울했죠. 안내를 믿고 따라갔는데, 오히려 시간이 더 걸렸으니까요. 목적지에 도착한 후 "다시는 이 네비게이션 안 써!" 하고 다짐했습니다. 그 뒤로 정말 네비게이션을 쓰지 않았을까요? 물론 아닙니다. 네비게이션이 주는 편의를 도저히 포기할 수 없었던 데다가, 이 세상에 완벽한 네비게이션은 없다는 사실을 이미 잘 알고 있기 때문입니다.

아이에게 부모는 네비게이션과 같습니다. 아직 스스로 길을 찾는 법을 완전히 익히지 못한 아이에게 꼭 필요한 존재이지요. 부모는 아이가 올바른 방향으로 성장하도록 늘 최선을 다합니다. 하지만 완벽한 부모는 없기에, 그 길을 안내하는 과정에서 시행착오는 피할 수 없습니다. 아이가 안내를 무시하고 제멋대로 가다가 길을 잃기도 하고, 부모 역시 뜻하지 않게 잘못된 방향으로 이끌 때도 있습니다. 문제는 부모가 아이의 행동을 조절하는 데만 집중할 때입니다. '이리로 갈까, 저리로 갈까' 하는 선택에만 몰두하다 보면, 정작 가장 중요한 것, 즉 아이 스스로 달려 나가는 하는 주도성의 엔진을 놓치게 됩니다.

아이가 지닌 주도성의 힘을 제대로 파악하지 못해, 차가 갑자기 멈춰설 때도 있습니다. 안전하고 신속하게 목적지에 도착하기 위해서는 올바른 방향 설정 만큼이나 속도 조절도 중요하지요. 언제 속도를 높이고 줄일지, 아니면 잠시 쉬어가야 할지를 잘 판단해야 합니다. 무작정 달리기만 하면, 결국 지쳐서 멈춰 설 수밖에 없으니까요.

　엑셀과 브레이크를 밟는 일은 어디까지나 운전자, 즉 아이의 몫입니다. 부모는 옆자리에서 길을 안내해 줄 수는 있어도, 운전대를 대신 잡을 수는 없습니다. 내비게이션(부모)과 운전자(아이)의 역할이 분명해질 때, 아이는 주도적으로 방향을 설정하고 부모는 그 길을 신뢰하며 함께 성장하는 관계가 형성됩니다.

　이렇게 주도성과 신뢰의 균형이 잡히면, 아이의 배움에도 변화가 찾아옵니다. 그 안정된 기반 위에서 갑자기 늘어난 공부 부담에 버거워하던 아이도 점차 적응해 갑니다. 수면 시간을 스스로 조절하고, 책상 앞에 오래 앉아 견디는 힘도 생기지요. 그러다 어느 순간, '공부 핸들'을 단단히 쥐고 자신만의 속도로 힘차게 나아가기 시작합니다.

아이를 얼마나 믿으세요?

임파워먼트(Empowerment). 이 말은 원래 상급자가 하급자에게 권한을 부여한다는 의미입니다. 하지만 양쪽 모두의 입장을 고려할 때 '위임'이 아니라 '권한 공유'로 해석하는 것이 옳습니다.

빅데이터 산업도 권한 공유를 기반으로 작동합니다. 그 대표적인 예가 네비게이션입니다. 네비게이션은 도로 상황에 대한 정보를 어디서 얻을까요? 바로 도로 위를 달리는 수많은 차량들로부터입니다. 각 사용자가 자신의 위치와 교통 정보를 통합 시스템에 제공하면, 그 시스템은 데이터를 종합해 다시 사용자들에게 유용한 정보로 돌려줍니다. 정보를 나눔으로써, 더 정확한 길 안내가 가능해지는 것이지요.

자녀 교육도 이와 크게 다르지 않습니다. 부모는 아이에 대한 책임을 지는 동시에 아이와 권한을 나눕니다. "저녁 뭐 먹을래?", "오늘은 어떤 책을 읽어줄까?"처럼 일상 속 사소한 결정을 아이에게 묻고 함께 결정합니다. 이렇게 아이는 부모의 보살핌 속에서 차츰 작은 권한을 위임받고, 스스로 그 권한을 행사해 보기 시작합니다.

아이가 성장하면서 임파워먼트는 부모에게 때때로 복잡한 결정을 요구합니다. 아이와 권한을 나누지만, 그로 인한 실수나 사고에 대한 책임은 여전히 부모의 몫이기 때문이지요. 따라서 실수를 최소화할 수 있는 범위가 어디까지인지, 언제 어떻게 개입하고 조절해야 하는지 늘 고민하게 됩니다.

경험담을 하나 들려드리자면, 제가 열 살 무렵의 일입니다. 집에 혼자 있다가 컵라면 하나를 발견했는데, 그게 어찌나 먹고 싶던지요. 그날 오후 내내 주방을 들락거리며 컵라면을 보고 또 보다가, 결국 참지 못하고 가게에서 일하던 엄마에게 전화를 걸었습니다. "엄마, 컵라면 먹어도 돼?" 하고 묻자, 엄마는 웃으며 "당연히 먹어도 되지."라고 답하셨고, 통화는 금세 끝났습니다. 그 당시 저는 컵라면 하나를 먹는 것조차 스스로 결정하지 못하는 수준의 자율성을 갖고 있었던 겁니다.

하지만 혼자 있는 시간이 점점 늘어나면서, 밥을 스스로 챙겨 먹는 일에 조금씩 익숙해졌습니다. 몇 달이 지나지 않아 냉장고 속 재료로 간단한 요리를 만들 수 있게 되었고, 한 해가 지나고는 종종 가족들의 식사를 준비하기도 했습니다. 고작 열한두 살 때니 힘들었을 법도 했지만, 이상하게도 전혀 그렇지 않았습니다. 오히려 부모님의 짐을 조금이나마 덜어드린다는 생각에 보람을 느꼈고, 무엇보다도 스스로 해냈다는 만족감이 무척 컸지요.

천천히 아이와 부모 사이의 임파워먼트 수준을 높이고 넓혀가는 일은 매우 중요합니다. 저처럼 불가피한 환경에서 갑자기 책임을 떠안게 되는 것보다는, 체계적인 계획 아래 단계적으로 권한을 위임받는 것이 훨씬 바람직하겠지요. 이를 위해서는 아이에게 선택권을 주고, 자신의 행동을 스스로 조절하는 경험을 지속적으로 제공해야 합니다. 그 과정에서 아이는 더 커진 권한과 책임을 인식하며, 어떤 결정을 내릴 때 고려해야 할 요소가 많다는 사실을 자연스럽게 배워갑니다.

임파워먼트를 통한 '권한과 책임의 인식'은 아이에게 중요한 전환점입니다. 단순히 부여된 자율성을 행사하는 데서 그치지 않고, 성인 수준의 성숙한 사고와 태도를 습득해 가는 과정이기 때문입니다. 자신을 가정의 한 구성원으로 인식하게 되면, 행동 하나하나에 더 큰 책임감을 갖고 신중해집니다. 그리고 공부의 의미를 깨닫게 되는 순간, 공부는 더 이상 누가 시켜서 하는 일이 아니라 '스스로 책임져야 할 일'로 바뀌게 됩니다.

요컨대 네비게이션의 지시에만 따르는 수동적 운전자가 아니라, 스스로 핸들을 잡고 엑셀과 브레이크를 조절하며 주도적으로 운전하는 것, 곧 '이 자동차의 진짜 주인은 나 자신'임을 깨닫는 것이 임파워먼트라 할 수 있습니다.

아이의 주도성을 키우는 일상의 임파워먼트

임파워먼트를 실천하는 것은 비교적 단순합니다. "내가 할래!" 하는 아이의 자발적인 에너지가 가정 안에서 다양한 역할을 통해 실제 경험으로 이어지면 됩니다. 적금통장에 돈이 쌓이듯, 권한과 책임의 경험이 차곡차곡 쌓이면 주도성은 일상에서 뿌리내립니다. 이렇게 길러진 주도성은 학습에서도 그 힘을 발휘하지요.

먼저 '역할 부여'에 대해 이야기해 볼까요? 아이에게 역할을 주고 어떤 일을 스스로 해보게 하는 것은 책임감과 주도성을 키우는 데 아주 효과적인 방법입니다. 신발을 가지런히 정리하거나, 식사 후 식탁을 닦는 것처럼 일상 속 작은 일부터 시작할 수 있습니다. 그런데 요즘 아이들은 이런 기회를 자연스럽게 얻기가 쉽지 않습니다. 이미 우리의 핸드폰에는 생활을 편리하게 해주는 수십 가지 앱이 깔려 있고, 각종 가전제품이 집안일을 대신해 주고 있기 때문입니다.

초등학생 아이가 집에 혼자 있어도 이제는 더 이상 '컵라면을 먹을까 말까' 하는 문제로 고민할 필요가 없습니다. 배달 앱으로 먹고 싶은 음식을 주문할 수 있고, 냉장고 안에는 데우기만 하면 되는 간편식이 가득하니까요. 청소를 돕게 하려고 해도 로봇청소기가, 빨래 널기를 맡기려 해도 건조기가 할 일을 대신합니다. AI가 많은 사람들에게서 '사고할 기회'를 빼앗은 것처럼, 편리해진 기술과 다양한 서비스는 아이들에게 맡길 수 있는 일상의 역할을 점점 좁혀 놓았습니다.

문제는 어른들이 편리함에 익숙해질수록 아이들도 그 편리함에 자연스럽게 기대게 된다는 것입니다. 예를 들어 직접 재료를 손질해 밥상을 차릴 때는 마늘을 빻거나 콩나물을 다듬는 일처럼 작은 역할을 아이에게 맡길 수 있지만, 밀키트를 이용하면 그저 냄비에 물을 올리고, 재료를 순서대로 넣는 수준에 그치게 됩니다. 기초적인 집안일에서부터 아이가 주도적으로 참여할 기회가 줄어들면, 그만큼 임파워먼트의 범위도 함께 좁아질 수밖에 없습니다.

따라서 '역할 부여'에 있어서는 기술과 서비스에 대한 의존을 조금이라도 줄이려는 노력이 필요합니다. 손이 조금 더 가고 시간이 더 들더라도, 아이가 가정의 한 구성원으로서 맡은 일을 해냈다는 성취감을 느낄 수 있도록 도와주는 것이 중요하지요. 일상에서 집안일보다 더 좋은 임파워먼트 기회는 흔치 않으니까요.

역할을 부여하려는 노력은 아이가 성장하면서 또 다른 현실의 벽에 부딪히게 됩니다. 학업에 대한 부담이 커질수록 일상 속 '역할 부여'를 잘 실천해 오던 부모들도 자연스럽게 우선순위를 다시 조정하게 되거든요. 대부분은 "너는 공부해. 집안일은 엄마 아빠가 할게."와 같은 결론에 이릅니다. 집안일에 쓸 시간을 공부에 투자하는 것이 더 효율적이라고 생각하기 때문입니다.

물론 아이가 학업에 집중할 수 있는 환경을 만들어주는 것은 중요합니다. 그러나 공부에 몰두해야 하는 시기라고 해서 일상의 책임에서 아이를 완전히 배제해버리면, 집안일을 해내며 얻었던 효능감과 성취의 도파민도 함께 줄어들게 됩니다. 지금까지 열심히 길러온 주도성의 흐름 역시 끊길 위험이 큽니다.

아이 스스로 학업에 집중하되, 일상 속 작은 결정과 책임을 통해 삶의 주도권을 계속 유지하도록 돕는 것이 바람직합니다. 이럴 때 필요한 것이 바로 역할 부여와 임파워먼트 수준을 한 단계 높이는 일입니다. 고사리 손으로 엄마 아빠를 돕던 단계를 지나 예리한 판단력과 신선한 발상을 발휘해 집안 대소사에 주체적으로 참여하는 단계로 나아가는 것이지요.

단순히 집안일을 분담하는 차원을 넘어서, 가정이라는 공동체 안에서 의사결정에 참여할 기회를 주는 것이 핵심입니다. 저녁 메뉴를 정하거나 전기·난방비를 어떻게 아낄지, 주말에 어떤 활동을 할지 등 일상의 크고 작은 선택의 순간이 곧 아이와 함께할 수 있는 임파워먼트의 기회가 됩니다.

여기에 더해, 아이와 직접 관련된 문제 중 협의가 필요한 사안들, 예를 들어 휴대폰 사용 시간을 어떻게 조절할지, 방학을 어떻게 보낼지 등을 함께 고민해 보는 것도 좋습니다. 이러한 과정을 통해 아이는 자신의 의견을 제시하고, 그 판단의 이유를 설명하며, 점차 책임 있는 결정을 내리는 힘을 길러갑니다.

미국 대통령 존 F. 케네디를 배출한 케네디 가문은 명문가로 널리 알려져 있습니다. 그 배경에는 케네디 형제들의 어머니인 로즈 여사의 특별한 교육법이 있었는데요. 그는 식사 시간을 자녀들과의 토론 시간으로 적극 활용했습니다. 어릴 적에는 다양한 지식을 나누며 자유롭게 대화했고, 청소년이 된 이후에는 《뉴욕 타임스》를 읽지 않으면 식탁에 앉지 못하게 했다고 합니다. 이러한 식탁 문화 속에서 케네디 가문의 아이들은 자신의 생각을 표현하고, 타인의 의견을 경청하며, 서로의 관점을 주고받는 태도를 자연스럽게 익혀나간 것이지요.

이처럼 일상의 가벼운 대화부터 시작해 부모와 함께 뉴스를 시청하거나 책을 읽고 의견을 나누며 점차 대화의 깊이를 더해가는 과정은 아이의 임파워먼트를 질적으로 높이는 훌륭한 토대가 됩니다. 그 과정에서 아이는 부모의 입장과 현실적인 한계를 이해하게 되고, 자신의 사고를 한층 더 넓고 깊게 확장해 갈 수 있습니다.

임파워먼트에는 역할 부여뿐 아니라, 아이가 내린 판단과 행동에 따른 책임을 사전에 조율하고 완화해 주는 일도 포함됩니다. 아이가 선택할 수 있는 여러 상황을 가정해 보고, 그에 맞는 예방책과 대응 방법을 함께 논의하는 것이지요. 일종의 '리스크 관리'라고 할 수 있습니다. 어린아이가 아무거나 입에 넣거나 전자기기를 마구 두드릴 때, "안 돼!" 하고 제지하는 데서 그치지 않고, 왜 그런 행동을 하면 안 되는지 설명해 주는 것처럼 말이지요. 아이에게 자율성을 부여하는 과정에서도 사전 설명과 사후 조율은 반드시 필요합니다. 예상치 못한 결과가 생겼을 때는 아이를 다그치기보다 먼저 감정을 달래주고, 함께 해결 방법을 찾아가는 태도가 중요합니다.

아이와 임파워먼트를 실천할 때 또 하나 주의할 점은, 일단 부여한 권한에 대해서는 부모가 중간에 간섭하지 않는 것입니다. 정말 위험한 상황이 아니라면, 아이가 스스로 끝까지 해낼 수 있도록 지켜보고, 그 결과에 대해 충분히 피드백을 나누는 것이 바람직합니다. 아이들이 "공부는 내가 알아서 할게."라고 말할 때가 있지요. 이럴 때는 성적표가 나올 때까지 기다려 주는 인내도 필요합니다.

아이의 주도적인 선택이 기대에 못 미치는 결과로 이어질 수도 있습니다. 그러나 결과에 대한 불만은 그것 자체로 고민하고 해결해야 할 과제이지, 아이의 노력이 부족했다는 비난의 근거가 되어서는 안 됩니다. "다음에는 어떤 방법을 시도해 볼까?", "앞으로 우리가 도와줄 부분이 있을까?" 같은 질문을 통해 실패를 피드백의 기회로 삼고, 성찰을 이끄는 대화로 이어가야 합니다. 그 과정에서 얻어지는 교육적 효과와 아이가 키워갈 역량은 결코 작지 않습니다.

실제로 한 사회학 연구에 따르면, 성적이 높은 학생들의 가정일수록 부모가 일상적인 대화에서 명령보다는 권유와 설득을 더 많이 사용하는 것으로 나타났습니다. 이는 학업 성취를 높이는 데 있어 공부 시간을 늘리는 것보다 주도성을 길러주는 가정 내 소통과 임파워먼트 문화가 더 큰 힘을 발휘한다는 사실을 보여줍니다.

부모가 아이에게 선택의 기회를 주고, 그 결정을 존중하며, 실패하더라도 그 결과까지 스스로 책임지게 하는 과정이 곧 교육입니다. 아이의 선택이 만족스럽지 않더라도, 그 경험을 통해 '다음에는 더 나은 선택을 해야겠다'는 다짐을 하게 돕는 것, 바로 그 과정이 아이를 성장시킵니다. 이러한 사고의 흐름은 반복되는 일상에서 새로운 도파민의 통로로 작용합니다. 자신에게 주어진 권한이 넓어졌음을 느끼고, 더 많은 것을 선택하며 그 결과를 받아들이는 과정에서 아이는 '내가 할 수 있다'는 확신을 얻습니다. 그 확신이 바로 자기효능감이며, 배움의 즐거움을 다시 일깨우는 힘이 되지요.

이때 무엇보다 중요한 것은 아이의 선택을 믿어주는 태도입니다. 아이가 스스로 내린 결정이라면, 그 결과가 성공이든 실패든 관계없이 존중해 주어야 합니다. 부모의 이런 믿음 속에서 아이는 책임감을 배우고, 주체적으로 선택하는 힘을 키워갑니다. 이것이 바로 임파워먼트의 본질이며, 아이의 주도성을 발달시키는 가장 강력한 방법입니다.

욕구를 공부로 옮기는 능력, 자기조절

"어, 선생님 제 이름 아세요?"
"그럼, 당연하지. 수업 때 딴짓은 하지 말자!"
 3월, 새 학기가 시작되면 제일 먼저 하는 일이 있습니다. 바로 교육정보 프로그램에서 학생들의 사진이 들어간 출석부를 뽑는 것입니다. 그리고 사진 출석부를 보며 가능한 한 빨리 학생들의 이름을 외우려 노력합니다. 이름을 기억해 불러주면 수업 시간에 아이들의 눈빛이 달라지거든요.

 이름 하나 기억해 주는 일이 뭐 그리 대단하냐고 말할 수도 있지만, 그 효과는 생각보다 큽니다. 과목별로 선생님이 다른 중·고등학교에서는 학생 한명 한명의 이름을 기억해 부르는 일이 흔치 않지요. 더구나 학기 초라면 더욱 그렇습니다. 대부분의 아이들은 이름 대신 번호로 불릴 거라 예상합니다. 그런 상황에서 자기 이름이 불리는 순간, 아이는 '선생님이 나를 알고 있구나'라고 느낍니다. 자신의 존재를 인정받는 순간이지요.

누군가에게 인정받고 존중받고 싶어 하는 마음은 인간이 갖는 가장 본질적인 욕구입니다. 학생들의 이런 인정 욕구를 채워주는 가장 간단하면서도 확실한 방법이 바로 이름을 기억해 불러주는 일입니다.

학교는 이런 인정 욕구를 비롯해 다양한 욕구들이 끊임없이 드러나고 부딪히는 공간입니다. 아침이면 '조금 더 자고 싶다', 2교시쯤이면 '배고프다', 점심시간 이후에는 '놀고 싶다' 또는 '집에 가고 싶다'는 욕구가 교실을 가득 채웁니다. 교사는 이런 다양한 욕구 속에서 아이들이 감정을 조절하고, 그 에너지가 배움으로 이어지도록 돕습니다. 가정에서도 마찬가지겠지요.

그런데 알다시피, 이것이 무척 어렵습니다. 아이가 자라면서 욕구는 점점 더 다양하고 복잡해집니다. 게다가 아이가 느끼는 욕구와 어른이 기대하는 욕구 사이에는 언제나 간극이 존재하지요. 이 간극이 커질수록 아이들은 자신의 욕구를 조절하려는 어른의 노력을 간섭이나 통제로 받아들이기 쉽습니다. 이해시키려는 마음과 수긍하기 싫은 마음이 자꾸 부딪히면서 갈등은 깊어집니다. 그 끝은 대개 강한 훈육이나 통제로 이어지지요. 겉으로는 문제가 해결된 듯 보이지만, 아이의 마음속에는 상처와 반발심이 고스란히 남습니다.

욕구가 오랫동안 억눌리면 아이의 내면에는 불안과 불만이 쌓입니다. 그 감정은 짜증이나 분노로 번지고, 때로는 공격적인 행동으로 나타나기도 하지요. 어떤 아이는 반대로 자신감을 잃고 위축된 모습을 보이기도 합니다. 이러한 상태가 지속되면 아이들에게 학습 의욕을 불어넣거나, 다양한 욕구를 배움의 에너지로 전환하기가 훨씬 어려워집니다.

욕구는 누구에게나 자연스러운 본능이며, 스스로를 움직이게 하는 내적 동기입니다. 다만 그 욕구를 어떻게 바라보고 조절하느냐에 따라 결과는 완전히 달라집니다. 넘치는 욕구를 잘 다스리면 성장의 에너지가 되지만, 조절하지 못하면 갈등과 혼란의 불씨가 되지요. 그렇다면 아이들의 욕구를 어떻게 다루는 것이 좋을까요? 그리고 그 욕구가 학습의 동력으로 이어지게 하려면 무엇이 필요할까요?

욕구를 다스리는 힘, 자기조절능력

 아이의 몸과 마음은 뜨거운 욕구 에너지로 가득 찬 용광로와 같습니다. 이 에너지를 억지로 가두기보다는 밖으로 건강하게 분출시키고, 새로운 욕구로 다시 용광로를 달궈야 합니다. 그래야 욕구와 해소의 건강한 순환이 이루어지고, 이 과정을 통해 아이들은 학습 동기, 도전 욕구 등을 계속 충전해 갈 수 있습니다.
 실제로 여러 연구에서도 건강한 욕구 해소 경험이 자기조절능력, 대인관계능력, 효능감 등 다양한 정서적·심리적 역량에 긍정적인 영향을 주는 것으로 나타났습니다. 그만큼 아이의 욕구를 충족시켜 주는 일이 중요하다는 의미겠지요. 그렇다고 아이의 온갖 욕구를 다 들어줄 수는 없습니다. 현실적으로 불가능할 뿐더러 아이의 자립과 성장을 위해서도 바람직하지 않지요. 결국 중요한 것은 욕구를 현명하게 다스리는 방법을 배우는 일입니다.
 우리의 뇌는 욕구가 충족될 때 도파민을 분비해 쾌감을 느끼게 합니다. 도파민은 성취와 만족, 그리고 행동의 동기를 자극하는 신경물질입니다. 그러나 욕구가 너무 쉽게 해소되는 경험이 반복되면 뇌는 '쉽고 빠른 만족'에 익숙해집니다. 결국 도파민 자체에 중독되어, 장기적인 목표보다는 즉각적인 보상을 좇게 되지요. 조금만 불편하거나 시간이 걸리는 일에는 흥미를 잃고, 게임이나 간식, 짧은 영상처럼 즉각적 자극에만 반응하는 경향이 강해집니다.

반대로 인내심을 발휘해 욕구를 건강한 방식으로 해소한 경험은 전두엽을 활성화켜 자기조절능력을 키우는 데 큰 도움이 됩니다. 이 과정에서 아이는 단순히 참는 법을 배우는 것이 아니라, 스스로의 행동을 계획하고 통제하는 힘을 기르게 됩니다. 이렇듯 충동을 조절하고 감정을 다스리는 경험이 반복될수록 자기조절능력은 자연스럽게 강화됩니다. 이 원리는 '마시멜로 실험'에서도 확인됩니다. 눈앞의 작은 보상보다 더 큰 보상을 위해 기다릴 줄 알았던 아이들이, 시간이 지나 마시멜로를 바로 먹은 아이들보다 훨씬 높은 학업 성취를 보였지요.

자기조절능력을 기르기 위해서는 자기 인식이 필수입니다. 자신이 어떤 사람인지, 또 타인에게 어떻게 비춰지고 있는지를 자각할 때 조절력은 한층 깊어집니다. 저는 학생들의 이름을 외워 수업 시간이나 복도에서 먼저 말을 겁니다. "나는 너를 알고 있어, 우리 잘해보자."라는 메시지를 전하기 위해서지요. 이러한 경험이 쌓이면 아이는 '나는 존중받는 존재'라는 인식을 갖게 되고, 그만큼 스스로를 더 잘 통제하고 조절할 수 있게 됩니다.

결국 자기조절능력은 욕구를 긍정적인 방식으로 다뤄본 경험이 거듭될수록 조금씩 자라납니다. 이를 위해 아이는 자신의 욕구가 어디에서 비롯되었는지 돌아보고, 그것을 어떻게 다뤄야 할지 부모나 친구와 함께 이야기하는 시간이 필요합니다. 이 과정에서 아이는 자신의 감정과 욕구를 한 걸음 떨어져 바라보고, 스스로 다스리는 힘을 키워갑니다.

이때 부모의 역할은, 아이가 자신의 욕구를 다루는 경험을 존중하면서 그 욕구가 건강한 방향으로 나아가도록 옆에서 지지해 주는 일입니다. 아이의 욕구를 무조건 억누르거나 방임하는 것이 아니라 필요할 때는 방향을 잡아주고, 스스로 선택하도록 한 발 물러서는 균형 감각이 중요하지요. 이를 위해 두 가지 관점을 함께 살펴볼 필요가 있습니다. 하나는 '어떻게 하면 욕구를 건강하게 해소하도록 도울 것인가'이고, 다른 하나는 '아이가 스스로 욕구를 조절하는 힘을 어떻게 길러줄 것인가'입니다. 이 두 균형이 맞춰질 때, 아이는 욕구를 스스로 다스리며 주도적으로 성장할 힘을 얻게 됩니다.

욕구를 건강하게 해소하는 방법

　부모라면 누구나 아이의 욕구를 어디까지 충족시켜 주고, 어느 선까지 제어해야 할지 고민합니다. 앞서 살펴봤듯이 적절한 욕구 충족은 아이의 주도성과 자기조절능력 발달에 긍정적인 영향을 미칩니다. 반대로 욕구를 일방적으로 억누르거나 과도하게 간섭하면 아이의 성장을 방해할 수도 있지요. 중요한 것은 아이의 욕구를 억제하는 것이 아니라, 그것을 이해하고 다루는 방법입니다.

　욕구는 억압해야 할 대상이 아니라, 아이 안에서 자연스럽게 솟아나는 에너지이자 성장의 원동력입니다. 따라서 일방적으로 막으려 하기보다, 그 에너지가 건설적인 방향으로 흐를 수 있도록 기회를 마련해 주는 것이 바람직합니다.

　욕구는 크게 두 가지로 나눌 수 있습니다. 하나는 식욕이나 수면욕 같은 '기본 욕구'이고, 다른 하나는 새로운 것을 보고 듣고 경험하고자 하는 '체험 욕구'입니다. 예를 들어 새로운 놀이기구를 타고 싶어 하거나 가보지 못한 나라를 가보고 싶어 하는 마음은 체험 욕구에 해당합니다.

　여행, 스포츠, 박물관 관람 같은 다양한 자극은 아이의 흥미와 호기심을 키우고, 단순한 재미를 넘어 도전, 탐구, 성취라는 긍정적 욕구를 자라게 합니다. 즉 다양한 경험이 아이의 호기심을 더 넓은 세상과 연결하고, 생각을 창의적으로 확장할 수 있게 돕습니다. 따라서 아이가 품은 욕구가 더 가치 있는 경험으로 발전할 수 있도록 이끌어주는 것이 중요합니다.

건강한 욕구 해소 방법 중 대표적인 것은 롤모델의 힘을 빌리는 것입니다. 아이에게 긍정적인 영향을 주는 롤모델은 욕구가 건전한 방식으로 발산되도록 도와줍니다. 아이들은 좋아하는 인물이나 캐릭터를 통해 그들이 살아가는 방식과 가치관을 자연스럽게 배우고 내면화하지요. '나도 저 사람처럼 되고 싶어.'라는 바람은 긴 시간 스스로를 다스리며 목표를 향해 나아가는 힘으로 이어집니다.

특히 공부의 중요성이 커지는 시기에 장래희망과 연결된 롤모델은 아이에게 강력한 학습 동기가 될 수 있습니다. 존경하는 인물처럼 되고 싶다는 바람은 아이로 하여금 목표를 향해 노력하게 만들고, 공부를 자신의 꿈을 이루기 위한 수단으로 바라보게 합니다. 이 과정에서 아이는 '왜 공부해야 하는가'에 대한 의미를 분명하게 깨닫고, 공부에 대한 태도 역시 한층 긍정적으로 바뀝니다.

감정을 존중받는 경험이 중요한 이유

 욕구는 곧 감정입니다. 부모는 아이가 말로 표현하는 욕구에만 집중하지만 그 이면에는 언제나 감정이 존재합니다. 사랑받고 싶은 마음, 인정받고 싶은 바람, 새로운 것에 도전해 보고 싶은 열망 같은 감정이 다양한 욕구 형태로 드러나는 것이지요.

 감정을 존중받은 아이는 자신의 내면을 올바르게 인식합니다. '내가 지금 화가 난 이유는 뭐지?', '나는 왜 이걸 원하지?'와 같은 질문을 스스로에게 던지며, 자신의 욕구와 감정을 객관적으로 바라보게 됩니다.

 또한 부모가 아이의 감정을 존중하고 함께 다루는 과정은 아이가 감정을 조절하는 법을 배우는 중요한 기회가 됩니다. "화가 날 땐 이렇게 말해 볼까?", "너무 힘들면 잠깐 쉬는 게 어때?"와 같은 대화를 통해 아이는 감정을 다루는 구체적인 방법을 익히고, 충동을 억누르며 상황을 조율하는 법을 배웁니다. 이러한 경험이 쌓이면서 아이는 스스로를 다스리는 힘, 즉 자기조절능력을 키워갑니다.

 반대로 감정을 무시당한 아이는 자신의 욕구를 부정하거나 외면하게 됩니다. 욕구를 마주하고 스스로 조절하기보다, 타인의 통제에 따르는 데 익숙해집니다. '엄마, 아빠가 시키는 대로 해야 착한 아이야.'라는 생각이 자리 잡으면서 아이는 점점 스스로 판단하고 선택하는 힘을 잃어갑니다.

아이가 스스로 욕구를 조절할 기회를 갖지 못하면, 자신의 행동에서 효능감을 느끼기 어렵습니다. 공부나 놀이, 일상생활의 여러 장면에서 아이의 판단을 대신하게 되면, 스스로 결정하고 행동하려는 내적 동기가 약해지는 것은 당연한 일입니다. 이렇게 자율성이 줄어들수록 아이는 학습된 무기력 상태에 빠지기 쉽지요. 그 결과 '나는 뭘 해도 안 돼.'라는 생각이 굳어지고, 이는 학습뿐 아니라 친구관계나 생활 전반에서도 수동적이고 회피적인 태도로 이어질 수 있습니다. 따라서 아이가 자신의 욕구를 다루고 조절할 수 있도록 스스로 저울질해 볼 기회를 주는 것이 중요합니다.

아이와 욕구로 갈등이 생길 때 흔히 선택하는 방법은 보상입니다. 지금 이것을 참으면 다음에 더 좋은 것으로 돌려준다는 약속이지요. 아이의 욕구를 다스리는 전통적인 방법이지만, 전략은 비교적 단순합니다. 보상은 욕구를 잠시 누그러뜨리는 데는 효과적일 수 있으나, 아이가 자신이 느끼는 욕구를 스스로 성찰해 볼 기회는 주지 못합니다.

스스로 자신의 욕구를 조절하고 관리하는 힘을 기르기 위해서는, 단순한 보상 전략을 넘어선 기브 앤 테이크 방식의 '협상 대화'가 필요합니다. 이 대화는 아이에게 다양한 선택지를 제시함으로써 욕구를 해소하는 과정에서 스스로 사고하고 판단할 기회를 제공합니다. 아울러 자신의 욕구에만 몰두하던 아이가 상황을 보다 객관적으로 바라볼 수 있도록 도와주지요.

이때 중요한 것은 욕구를 언제 어떻게 해소할 수 있을지, 다른 대안은 무엇이 있을지, 그리고 지금 당장 충족해 줄 수 없는 이유를 아이가 납득할 수 있도록 충분히 설명해 주는 일입니다. 이러한 협상 대화를 이어가다 보면, 아이는 자신의 욕구를 돌아보고, 현실과 주변 사람의 입장을 고려하며 점점 더 성숙한 방식으로 욕구를 조절하는 힘을 키워나가게 됩니다.

'협상 대화'라고 하면 다소 거창하게 들리지만, 사실은 일상에서 자연스럽게 실천할 수 있는 대화 방식입니다. 특별한 기술이 필요한 것도 아닙니다. 우리가 흔히 마주하는 상황에서도 다음과 같은 행태로 이루어질 수 있습니다.

아이 이 옷 갖고 싶어요. 사주세요. 욕구 표현

부모 예쁘네. 근데 꼭 필요한 옷이니? 욕구 확인

아이 꼭 필요하진 않지만, 너무 예뻐서 갖고 싶어요. 구체적 욕구 표현

부모 솔직하게 말해줘서 고마워. 근데 집에 입을 옷이 많잖아. 진짜 필요한 건 아니니까, 좀 더 생각해 보면 어떨까? 현실 인식 유도

아이 그래도 꼭 갖고 싶어요. 욕구 고집

부모 이번 달엔 네가 갖고 싶어 했던 인형도 샀잖아. 새 옷은 다음 번에 사는 게 어때? 대안 제시

아이 그래도 옷 산 지는 오래 됐잖아요. 이건 정말 갖고 싶단 말이에요. 논거 제시 및 의사표현 강화

부모 음, 그럼 네가 모아둔 용돈에서 일부 보태는 건 어때? 기브 앤 테이크 제안

아이 용돈이요? 제안 확인

부모 그래. 네가 반, 엄마 아빠가 반. 대신 이번 달엔 더 사달라는 말 없기! 약속할 수 있지? 합리적 타협과 책임 강조

아이 네, 알겠어요. 수용과 타협 완성

이 대화에서 부모는 아이의 욕구를 억누르거나 "안 돼!"라고 일방적으로 차단하지 않습니다. 대신 아이가 자신의 욕구를 들여다보고, 여러 제안 중에서 스스로 선택할 수 있도록 돕습니다. 이러한 대화를 통해 아이는 어떤 선택이 더 현명하고 바람직한지를 고민하고, 결과에 책임지는 태도를 자연스럽게 익혀갑니다. 아울러 부모와의 협상 과정에서 자신의 의견이 존중받는 경험은 아이의 효능감을 높이고, 자기조절능력을 기르는 데 큰 도움이 됩니다.

아이는 욕구와 자기조절 사이에서 늘 부딪히고 갈등합니다. 사실 어른도 자신의 욕구를 다스리는 일은 쉽지 않습니다. 하물며 아직 미성숙한 아이가 욕구에 흔들려 자기조절에 실패하는 것은 너무나 자연스러운 성장의 한 과정이겠지요.

아이가 자라면서 욕구는 점점 더 다양해지고, 그와 함께 책임과 의무도 늘어납니다. 그만큼 부모와의 크고 작은 갈등도 잦아지지요. 이러한 갈등이 감정싸움으로 번지기 전에 대화와 협상을 통해 풀어갈 수 있다면 불편한 상황도 아이에게는 의미 있는 배움의 시간이 됩니다.

서로 의견을 주고받는 과정에서 아이는 부모가 자신의 욕구를 존중해 준다는 긍정적인 경험을 하고, 동시에 절제하는 법을 배워갑니다. 이런 시간이 쌓일수록 자기조절능력은 단단해지고, 그 힘이 아이를 주도적인 사람으로 성장시킵니다. 그리고 일상에서 자란 주도성은 자연스럽게 공부에서도 빛을 발합니다.

스스로 공부하고 싶어지는 에너지, 공부 도파민

"잠깐만! 이번 판만 하고 끌게요."
"그 말, 오늘 벌써 세 번째야. 한 시간만 하기로 했잖니?"
책 읽는 것을 좋아하고 공부가 재밌다던 아이가, 언젠가부터 하루 종일 폰으로 게임만 하며 책 한 줄 읽기도 힘들어합니다. 주도성을 생각해 아이가 좋아하는 활동을 마음껏 하도록 배려했는데, 어째 책 보는 시간은 점점 줄어들고 게임에 몰두하는 시간만 늘어나고 있네요. 부모로서는 답답하고 걱정스러울 수밖에 없습니다.
게임과 공부라는, 양 끝단에 있어 전혀 닮은 점이 없어 보이는 두 활동은 사실 한 가지 커다란 공통점을 가지고 있습니다. 공부든 게임이든, 아이의 인식 세계에 침입해 행동을 이끌어내는 '외부 자극'이라는 점입니다.

　인간은 누구나 외부 자극에 반응하여 행동을 결정합니다. 갑자기 밝은 빛을 마주하면 눈을 가늘게 뜨고, 차가운 겨울 바람에 옷깃을 여미는 것처럼 말이지요. 스마트폰 속 화려한 그래픽이나 책에서 만나는 새롭고 낯선 정보들은 모두 아이에게 자극으로 작용합니다. 차이가 있다면 자극의 세기와 뇌의 반응 속도입니다. 게임이 즉각적인 보상과 빠른 반응으로 도파민을 폭발적으로 분비시킨다면, 공부는 당장의 보상이 부족하기 때문에 뇌의 반응이 더디게 나타납니다. 그만큼 공부에는 인내가 필요합니다.

　공부가 늘 지루한 것만은 아닙니다. 문제를 발견하고 퍼즐을 풀 듯 답을 구하는 과정에서 공부가 게임보다 더 강하게 뇌를 자극해 도파민을 분비하기도 하거든요. 실제로 학교에서는 게임보다 공부에 더 몰입하고 즐거움을 느끼는 학생들을 종종 찾아볼 수 있습니다.

　그렇다면 어떤 환경과 조건이 아이의 뇌에서 '공부 도파민'을 활발히 만들어낼까요? 그 비밀을 알기 위해서는 먼저 외부 자극에 대한 우리 신체의 반응부터 살펴볼 필요가 있습니다.

왜 아이들은 게임에 중독되는가

 진화심리학이라는 학문이 있습니다. 진화론에 따르면 인류의 조상들이 침팬지로부터 분리된 것이 대략 700만 년 전입니다. 인류는 그 오랜 시간 대부분을 아프리카 사바나 초원에서 수렵·채집 생활을 하며, 소규모 친족 집단을 이루고 살아왔습니다. 우리가 '문명'이라고 부르는 지난 3,000-4,000년의 시간은 인류 역사에서 보면 아주 짧은 순간에 불과하지요. 최근 20여 년 사이 인터넷과 스마트폰이 우리의 사고방식에 큰 변화를 가져왔지만, 그보다 훨씬 긴 700만 년의 시간 동안 형성된 인간의 본능과 심리는 여전히 우리 안에 남아 있습니다. 이처럼 문명 이전 시대부터 인간의 삶과 심리를 추적해서 현대인의 생각에 미치는 영향을 알고자 하는 것이 진화심리학의 기본 입장입니다.

 인간은 원시시대부터 맹수와 포식자를 피해 무리를 지키고, 동시에 사냥감을 쫓아 먹이를 구하며 살아왔습니다. 그 긴장과 위험의 순간마다 우리 몸은 즉각 반응합니다. 심박수가 상승하고, 근육으로 더 많은 피가 공급되지요. 이러한 신체 반응을 일으키는 것이 '교감신경'입니다. 교감신경은 신체가 외부 자극에 빠르게 반응하고, 긴장 상태를 유지하도록 돕습니다.

반대로 안전한 환경이 되면 신체는 휴식을 취합니다. 언제 닥칠지 모를 위험에 대비하기 위해 영양분을 보충하고 에너지를 비축하지요. 이때 몸이 이완되면서 심박수도 낮아집니다. 이러한 반응을 조절하는 것이 '부교감신경'입니다. 부교감신경은 우리 몸을 안정시키고 회복을 돕는 역할을 합니다. 한마디로 교감신경과 부교감신경은 인간이 환경의 변화에 적응하도록 돕는 신체의 기본 시스템이라 할 수 있습니다.

우리 신체는 생존을 위해 외부의 자극에 민감하게 반응하도록 설계되어 있습니다. 왜 막장 드라마를 욕하면서도 계속 볼까요? 왜 두 눈을 가리고 비명을 지르면서도 공포 영화를 찾는 걸까요? 공포나 불쾌감을 느끼면 교감신경을 자극해 긴장과 흥분이 유발됩니다. 현대인의 일상에서는 잘 느낄 수 없는 자극입니다. 또한 공포영화가 끝나고, 영화의 스탭롤이 올라가는 장면에서는 안정감과 행복감을 느낍니다. 부교감신경이 작용하는 느슨함에 빠져드는 것이지요. 이처럼 인간의 몸은 긴장과 이완, 자극과 회복을 반복하며 균형을 유지하도록 만들어져 있습니다.

최근 들어 '도파민'이라는 단어가 유행처럼 번졌습니다. 왜 이렇게 바쁘고 힘든 세상에서 사람들은 도파민을 찾을까요? 이유는 의외로 단순합니다. 현대인의 삶이 지나치게 안정되어, 예전처럼 교감신경이 활발히 작동할 일이 거의 없기 때문입니다.

우리 뇌는 본능적으로 교감신경이 주는 자극을 갈망합니다. 수만 년 동안 긴장과 흥분의 자극이 생존에 유리하게 작용해온 경험이 몸속 깊이 새겨져 있기 때문이지요. 그래서 사람들은 점점 더 강렬한 자극을 추구하고, 위험과 경쟁, 성취의 순간에 느끼는 짜릿함에 쉽게 끌립니다. 이러한 감정들이 도파민 분비를 촉진해 순간적인 몰입과 쾌감을 만들어내며, 심할 경우 중독으로 이어지기도 합니다.

스포츠나 레저활동 역시 스릴과 흥분을 주지만, 접근성이나 자극의 강도를 따지자면 게임이 단연 최고입니다. 게임을 하는 동안 교감신경이 활발히 작동하면서, 인류가 오래전 사냥에서 느꼈던 감각을 그대로 되살리지요. 괴수를 피해 달아나고, 직접 쓰러뜨리며 다음 단계로 나아가는 과정 속에 긴장과 흥분, 그 뒤를 잇는 해방감이 교차하면서 강렬한 몰입이 형성됩니다.

이처럼 진화심리학의 관점에서 보면, 아이들이 게임에 빠져드는 것은 전혀 이상한 일이 아닙니다. 인류는 오랜 세월 생존을 위해 외부 자극에 민감하게 반응하도록 진화했고, 그 반응을 통해 생존 확률을 높여 왔습니다. 이러한 특성이 여전히 우리 안에 남아 있어, 단조로운 일상 속에서도 본능적으로 새로운 자극을 찾게 됩니다. 그리고 그 본능을 가장 쉽게 만족시켜 주는 것이 바로 게임인 것이지요.

앞서 말했듯이 공부도 외부 자극입니다. 그러나 게임과는 달리 공부는 금세 '역치'에 도달합니다. 처음에는 새로운 지식을 배우는 과정에서 재미를 느끼지만, 시간이 갈수록 지루해지고 흥미를 잃기 쉽습니다. 게임처럼 즉각적인 보상이나 눈에 띄는 성과가 바로 주어지지 않기 때문입니다.

외부 자극에 대한 반응이 일정 수준을 넘어서면 점차 둔해지는 '역치'의 개념에서 보면, 우리나라의 암기식·문제풀이 중심 교육이 지닌 한계가 분명히 드러납니다. 대부분의 학원에서는 실수를 줄이기 위해 비슷한 문제를 반복해서 풀게 하고, 선행학습이라는 이름으로 짧은 시간 안에 과도한 학습량을 요구합니다. 이러한 방식은 공부를 지적 자극이 아닌 단순 암기 대상으로 바꿔놓습니다. 공부 도파민이 발생하기 어려운 환경이지요.

아이가 공부에 흥미를 느끼려면 학습이 교감신경을 활성화시키는 긍정적인 경험이 되어야 합니다. 그래야 자발적인 몰입이 시작됩니다. 아이에게 지적 자극을 꾸준히 제공하고, 그 흥미가 자연스럽게 확장되도록 도와준다면 게임에서 느끼는 쾌감 못지않은 공부 도파민이 충분히 만들어질 수 있습니다.

공부가 지적 자극이 되려면

인류가 쌓아온 지식의 세계는 상상할 수 없을 만큼 넓고 깊습니다. 우리가 평생 배우고 익히는 것은 그 방대한 지식 중 극히 일부분에 불과하지요. 그 무한한 지식의 바다 속에는 아이들이 열광할 만큼 흥미롭고 매력적인 주제들이 많습니다. 공룡도 그중 하나입니다.

아이들이 공룡에 빠져드는 과정을 떠올려 보세요. 처음에는 책이나 TV로 공룡의 이름과 생김새를 접하다가, 점차 더 많은 정보를 찾아보며 호기심이 자랍니다. 여러 종의 특징과 생태를 비교하며 관심은 한층 깊어지고, 그 흥미는 책을 넘어 박물관의 화석과 모형, 공룡 영화와 같은 실제 경험으로 이어집니다. 이처럼 하나의 관심이 다양한 배움의 경험으로 확장될 때, 학습은 자연스럽게 깊어집니다.

공룡에 대한 호기심이 한 종에서 다른 종으로, 더 나아가 지질학과 고생물학으로 이어지듯, 공부 도파민의 핵심은 '지식과 지식이 연결되는 즐거움'에 있습니다. 이는 모든 배움에 통하는 원리입니다. 예를 들어 이전에 배운 수학 공식을 이용해 전혀 다른 유형의 문제를 풀어냈을 때, 아이는 지식이 연결되는 즐거움과 함께 짜릿한 성취감을 느낍니다. 이러한 경험이 쌓일수록 도파민이 활성화되고, 지식은 또 다른 지식을 불러오며 흥미는 꼬리를 물고 확장됩니다.

이 흐름이 오래 이어지려면, 일상 속에서 꾸준히 지적 호기심을 일깨워 줄 장치가 필요합니다. 그리고 그 역할을 가장 잘 해내는 것이 독서입니다. 도서관이나 서점에서 책을 고르고, 탐독하고, 새로운 분야로 관심을 넓혀가는 과정 자체가 지적 자극의 연속이기 때문입니다. 낯선 작가와의 만남, 새로운 장르, 이전에 읽었던 책과 이어지는 지식, 이 모든 경험이 배움에 대한 흥미를 유지시켜 줍니다.

독서를 즐기고 공부에 몰입하는 행위는, 결국 도파민을 따라 새로운 자극을 찾아나서는 일입니다. 본질적으로 게임의 구조와 크게 다르지 않지요. 다만 공부는 시간이 지날수록 뇌가 자극에 익숙해지면서 흥미가 줄고, 쉽게 역치에 도달한다는 점이 다릅니다. 이때 대부분의 아이들이 더 강렬한 자극을 찾아 게임이나 SNS로 넘어가게 되지요.

이러한 흐름을 막으려면 아이가 공부에서 계속 신선한 자극을 느낄 수 있는 환경을 만들어주는 것이 중요합니다. 책 한 권을 다 읽으면 또 다른 책으로, 하나의 관심사에서 그와 관련된 다른 주제로 자연스럽게 이어질 수 있도록 돕는 것이 좋습니다. 새로운 정보나 흥미로운 주제를 만날 때마다 뇌는 다시 도파민을 분비하며 학습을 강화하기 때문입니다. 이렇게 지식의 연결 고리가 끊기지 않고 이어질 때, 아이는 다음 배움의 단계에서 색다른 즐거움을 발견하고 공부에 더욱 몰입하게 됩니다.

그렇다면 어떻게 해야 아이가 꾸준히 지적 호기심을 느끼며 공부에 몰입할 수 있을까요? 그 해답은 세 가지 요소가 있습니다. 바로 '적정 수준의 도전 과제', '효능감', '안정감'입니다.

도파민이 샘솟는 공부 자극

먼저 '적정 수준의 도전 과제'입니다. 공룡 이름을 알기도 전에 중생대·고생대·선캄브리아기를 구분하고 복잡한 진화 계통도를 외우라고 하면, 아이는 도망치고 말겠지요.

공부도 마찬가지입니다. 수준이 지나치게 높으면 흥미를 잃고, 너무 쉬우면 금세 지루해집니다. 아이의 현재 능력보다 약간 높은, 즉 노력하면 도달할 수 있는 수준의 과제가 가장 효과적입니다. 이러한 적정 난도의 과제는 학습 의욕을 높이고, 노력의 과정에서 성취의 즐거움을 느끼게 합니다.

다음으로 중요한 요소는 '효능감'입니다. 우리 뇌는 즉각적인 보상과 성취에 민감하게 반응합니다. 스스로 문제를 해결하고, 새로운 개념을 이해하는 과정에서 만족감을 느껴야 공부를 긍정적인 경험으로 받아들입니다. 이 순간 분비되는 도파민이 '좀 더 해보고 싶다'는 동기를 만들어내지요.

공부에서 느끼는 성취감은 '효능감 → 더 큰 도전 → 더 큰 효능감'으로 확장되는 선순환 구조를 이룹니다. 따라서 처음에는 쉬운 문제로 작은 성공을 경험하고, 점차 난도를 높이며 도전하는 것이 좋습니다. 실패하더라도 다시 시도해 끝내 해냈을 때, 아이는 '나도 할 수 있다'는 확신을 얻게 됩니다. 이렇게 쌓인 효능감은 공부를 누가 시켜서 하는 일이 아니라, 스스로 지적 자극을 좇는 즐거운 활동으로 바꾸어줍니다.

마지막 요소는 공부 자극에 반드시 동반되어야 하는 '안정감'입니다. 교감신경이 활발히 작용해 긴장과 몰입의 시간이 지속된 뒤에는, 그 긴장을 풀어주는 휴식이 필요합니다. 긴장 상태가 오래 이어지면 부교감신경이 활성화되며, 몸과 마음은 자연스럽게 휴식을 요구하게 됩니다.

공부는 교감신경을 자극하는 활동입니다. 집중하는 동안에는 적당한 긴장감이 필요하지만, 이 상태가 오래가면 우리 뇌와 몸은 금세 피로를 느낍니다. 당연히 학습 효율도 현저히 떨어지게 되지요. 공부에는 긴장과 이완, 몰입과 휴식이 균형을 이루는 안정적인 환경이 필요합니다. 긴장을 풀고 충분히 휴식한 뒤에야 다시 도전할 힘이 생기고, 공부에 대한 긍정적인 태도도 유지될 수 있거든요.

공부를 하다 보면 누구나 실수할 때가 있고, 기대에 못 미치는 결과가 나올 수도 있습니다. 그러나 그때마다 꾸중이나 비교, 성급한 평가가 따라온다면, 아이는 점차 시도하는 것 자체를 두려워하게 됩니다. 결과에 대한 지적은 최소화하고, 피드백은 아이의 정서를 고려해 차분하게 건네야 합니다. 문제를 틀렸거나 제대로 외우지 못했다고 혼나는 일은 아이에게 아프고 두려운 기억으로 남습니다. 그런 경험이 반복되면, 아이는 점차 공부에 대한 흥미와 의욕을 잃어버리게 되겠지요.

공부를 잘하는 아이들은 긴장과 이완의 리듬을 조절할 줄 압니다. 또 실패를 두려워하지 않고, 실수에서 배우며 '다음에 더 잘할 수 있다'는 긍정적 기대를 품습니다. 따라서 아이가 공부하는 과정에서 좌절하거나 지치지 않도록, 실패해도 괜찮다는 안정감과 조금씩 성장하고 있다는 신뢰감을 꾸준히 전해야 합니다. 그런 믿음 속에서 아이는 마음 편히 도전하고, 새로운 지적 자극을 기꺼이 받아들일 수 있습니다. 충분히 학습한 뒤에는 몸을 움직이며 에너지를 발산하는 시간도 필요합니다. 이렇게 부교감신경이 활성화되는 이완의 시간이 있어야 다시 교감신경이 작동하는 몰입의 시간이 자연스럽게 이어집니다.

학습 환경이 편안해야 긍정적인 공부 정서가 형성됩니다. 아이가 심리적으로 안정된 상태에서 공부할 때 비로소 '공부는 괜찮은 것, 할 만한 것'이라는 감정이 싹트지요. 불안하거나 압박을 느끼는 상황에서는 뇌가 위협 신호에 집중하느라 도파민이 분비되기 어렵습니다. 마음이 평온한 상태일 때 도파민이 활발하게 분비되어 공부를 향한 집중과 흥미가 자연스럽게 살아납니다. 이러한 긍정적 정서의 중심에는 주도성이 있습니다. 스스로 학습 계획을 세우고 하나씩 실천해 나갈 때, 배움의 즐거움은 커지고 학습 동기도 함께 강화됩니다.

이렇게 '적정 수준의 도전 과제', '효능감', '안정감'까지 고려해 공부 자극을 꾸준히 제공하는 과정에서 때때로 마음속에 '이렇게 공부해서 저 멀리 앞서 나가는 아이들을 따라잡을 수 있을까?' 하는 의심이 자랍니다. 조급함과 불안이 고개를 들기 시작하지요. 그러나 눈앞의 속도에 흔들릴 필요는 없습니다.

오히려 주도성이 높은 아이일수록 한 가지 공부에 집중하지 못하고 여러 분야를 탐색하느라 성적 향상이 더딜 수 있습니다. 본격적으로 공부하기 앞서 다양한 지식을 충분히 탐색하는 시간이 필요한 것이지요. 이 과정을 통해 아이는 무엇이 더 중요한지 가치판단을 내리고, 지금 당장 자신에게 필요한 공부에 자발적으로 몰입하게 됩니다.

지적 자극에 둔감해지는 '공부 역치'는 누구에게나 찾아옵니다. 이 시점에 아이에게 필요한 것은 문제를 더 풀게 하거나 공식을 더 외우게 하는 일이 아닙니다. 잠시 숨을 고르고, 지적 호기심을 따라 탐색하며 배움의 폭을 넓혀갈 수 있도록 지켜봐 주는 것이 중요합니다.

 공부의 수준은 학년이 올라가고 시험을 거듭할수록 자연스럽게 높아집니다. 따라서 성적이 좀처럼 오르지 않는 아이라면, 더 많은 공부를 시키기보다 자신이 무엇을 이해하지 못했고, 왜 문제를 해결하지 못했는지 스스로 돌아보는 시간을 꼭 가져야 합니다. 이러한 성찰의 과정을 거쳐야만 공부 방향을 스스로 조정하고, 학습도 한 단계 성장할 수 있습니다.
 이 성찰은 교감신경이 작동하는 집중과 몰입의 시간을 지나, 부교감신경이 주도하는 휴식과 안정의 시간에 주로 이루어집니다. 이때 우리 뇌는 배운 내용을 정리하고, 흩어져 있던 정보를 연결하지요. 이러한 신경의 순환을 무시한 채, 이미 역치에 다다른 상황에서 같은 방식의 공부를 계속 강요한다면 아이는 본능적으로 자신에 유리한 다른 자극을 찾게 됩니다.
 반대로 지적 자극이 꾸준히 이어지고, 과제의 난도가 효능감을 느낄 만큼 적절하며, 동시에 안정감을 주는 환경이 마련되면 학습에 대한 흥미는 오래 지속됩니다. 이처럼 모든 조건이 갖춰졌을 때, 공부 도파민이 꾸준히 분비되어 뇌는 공부를 즐거운 활동으로 인식하게 됩니다. 그 순간부터 아이는 스스로 배우고자 하는 마음으로 공부에 몰입하며, 자연스럽게 학습 주도성을 키워갑니다.

2장

공부 도파민과 함께
오래 즐겁게 공부하기

공부에 설렘을 느끼는 순간은 누구에게 있습니다. 새 교과서를 펼칠 때의 두근거림, 어려운 문제를 풀어냈을 때의 뿌듯함, 그리고 처음 보는 개념이 머릿속에서 '딱' 하고 이해될 때의 짜릿함. 이런 순간마다 우리 뇌는 도파민을 분비하며, '공부는 재미있다'는 신호를 보내지요.

하지만 그 감정은 오래가지 않습니다. 학년이 올라갈수록 시험이 늘어나고, 점수와 등수가 공부의 기준이 되면서 배움의 즐거움은 점점 희미해집니다. 공부 도파민이 말라가고, 그 자리를 피로감과 무기력이 채우지요. 설렘으로 시작했던 공부가 의무로 변하고, 마음속 불씨 역시 서서히 식어갑니다.

거듭 말하지만, 공부 도파민은 학습 주도성, 즉 '스스로 배우하고자 하는 내적 에너지'와 깊이 연결되어 있습니다. 주도성이 높은 아이는 자신이 왜 배우는지를 이해하고, 목표를 세우며, 학습 과정을 스스로 조정할 줄 압니다. 외부 자극이 줄어들어도 내면에서 동기를 만들어내기 때문에 공부 도파민이 안정적으로 유지됩니다.

이제 우리가 풀어야 할 과제는 분명합니다. 입시 중심의 교육 현실 속에서도, 공부 도파민을 어떻게 지켜내고 다시 일으킬 것인가 하는 것입니다.

즐겁고 주도적으로 하는 공부와 억지로 버티며 하는 공부는 무엇이 다를까요? 경쟁과 학습 부담 속에서도 배움의 즐거움을 잃지 않으려면 어떻게 해야 할까요? 그 답은 멀리 있지 않습니다. 지금부터 공부 도파민과 함께 오래 즐겁게 공부하는 구체적인 방법들을 살펴봅시다.

나의 공부 유형은? 사냥꾼과 파수꾼

"쌤, 성적이 너무 이상해요. 저 진짜 밤늦게까지 공부했는데 왜 이런 걸까요?"

"흐음, 너 핸드폰 스크린 타임 좀 보자."

성적표가 나온 1학기의 마지막 날, 방학식이 끝난 뒤였습니다. 복도를 지나는데 교실에 삼삼오오 모여 있는 아이들이 보였습니다. 책상 위에는 성적표가 올려져 있었고, 표정은 하나같이 시무룩했습니다. 그냥 지나칠 수 없어 조용히 교실 안으로 들어가 말을 걸었습니다. 그중에는 성실하고 활달한 성격으로 학급회장을 맡고 있는 하늘이도 있었습니다.

늦은 밤까지 공부했는데도 성적이 잘 나오지 않은 이유를 모르겠다는 하늘이에게 스크린 타임을 보여 달라고 했습니다.

"네? 스크린 타임이요?"

"응."

스크린 타임은 스마트폰의 각종 앱을 하루에 얼마나 사용하는지 체크해 주는 기능입니다. 하늘이는 제 말을 듣더니 주머니에서 핸드폰을 꺼내 스크린 타임 기능을 찾기 시작했습니다. 하늘이에게 핸드폰을 건네받아 스크린 타임을 확인한 순간 깜짝 놀랐습니다. 어이쿠! SNS를 하루에 세네 시간씩 하네요. 이러니 좋은 성적이 나올 리 없습니다.

"이거 봐. 너 인스타 당장 지워."

"헤엑!"

"너 그거 안 한다고 친구들 못 만나는 거 아니잖아? 디엠으로 친구들하고 수다 좀 떤다고 이 스크린 타임은 안 나와. 너 인스타 중독이구나?"

"아, 좀 많이 하긴 해요."

인스타를 지우라는 잔소리에 하늘이는 머쓱한 웃음을 지어 보였습니다. 여느 아이들처럼 SNS로 재미있는 영상이나 사진을 공유하고 친구들과 수다 떠는 것을 좋아하는 하늘이는, 머리가 명석하고 다방면으로 재주가 많은 학생입니다. 수업 시간에도 이해력이 돋보이고, 좋아하는 과목은 관련 책을 찾아

읽거나 유튜브 강의를 챙겨보며 파고들 정도로 지적 호기심도 큰 편이죠.

하늘이 입장에서는 이런 결과가 억울할 만도 합니다. 매일 학교에서 여덟 시간씩 수업을 듣고, 집에서도 밤늦게까지 책상 앞에 앉아 공부했는데, 남는 몇 시간 SNS 좀 했기로서니 이런 결과가 나오다니요?

무엇이 문제인지 알아보기 위해 평소 하늘이의 생활 패턴과 공부 방식에 대해 몇 가지 질문을 던졌습니다. 하늘이는 시험 기간에도 틈틈이 SNS를 했다고 했습니다. 집중력이 흐트러질 때마다 자신을 다잡기보다 다른 자극으로 주의를 돌리는 습관이 몸에 밴 듯 보였습니다. 또 아는 문제를 실수해서 틀리는 일도 많다고 했습니다.

그동안 교실에서 지켜본 모습과 이날 대화를 종합해 보니, 하늘이는 머리는 좋지만 외부 자극에 쉽게 흔들리는 타입이라는 사실을 알 수 있었습니다. 지금 당장 하늘이에게 필요한 것은 더 많은 공부가 아니라, 자신의 공부 습관을 차분히 돌아보고 학습 유형을 제대로 이해하는 일이었습니다.

사냥꾼과 파수꾼의 특징

학교에서 보내는 시간이 쌓이면서 아이들에게는 저마다의 학습 방식이 자리 잡습니다. 이 습관은 성적에 직접적인 영향을 미치기 때문에, 자신에게 맞는 공부 스타일을 파악하는 일이 무엇보다 중요합니다. 실제로 성적이 좋은 학생들은 자신의 학습 성향을 파악하고, 그에 맞는 전략을 세워 공부합니다. 상황에 따라 그 전략을 유연하게 조정할 줄도 알지요. 반면 자신의 학습 성향을 제대로 알지 못하는 아이들은 노력에 비해 성과가 적은 비효율적인 공부를 반복합니다. 따라서 평소 자신의 공부 습관을 점검하고, 어떤 방식이 좋은 결과를 이끌어 내는지 객관적으로 살펴보려는 노력이 필요합니다.

그렇다면 자신의 학습 성향을 어떻게 파악할 수 있을까요? 아이마다 세부적인 차이는 있지만, 몇 가지 공통된 특징을 기준으로 유형화할 수 있습니다. 그중에서도 가장 뚜렷한 차이를 보이는 것은 시험에 임하는 태도입니다. 한 연구에서는 이를 기준으로 학습자를 크게 두 가지 타입으로 나누었는데, 바로 '사냥꾼'과 '파수꾼'입니다.

앞서 이야기한 하늘이는 자기가 좋아하는 것을 부지런히

파고드는 사냥꾼 유형의 학생입니다. 문제는 공부가 아니라, SNS 속 재미있는 콘텐츠를 사냥하는 재미에 빠졌다는 것이지요. 하늘이의 최우선 관심사가 공부가 된다면, 사냥꾼 특유의 기질이 발동해 공부에 깊이 파고들어 더 좋은 성적을 낼 수 있을 겁니다.

기본적으로 사냥꾼 유형의 아이들은 시험을 앞두고 큰 걱정을 하지 않습니다. 이들에게 공부와 시험은 '사냥'과 같아서 목표를 좇는 과정에서 즐거움을 느낍니다. 그래서 교과서와 수업에만 머무르지 않고, 관심을 넓혀 다양한 지식을 탐색하지요. 시험 준비를 할 때도 어떤 과목에 힘을 실을지 스스로 판단하고, 자신만의 암기법을 개발하는 등 전략적으로 공부합니다. 때문에 공부 시간이 짧아 보이지만, 밀도가 높아 확실한 결과를 만들어냅니다. 또 주변 환경에 쉽게 흔들리지 않아 쉬는 시간이나 점심시간에도 필요하다고 느끼면 놀라울 만큼 집중하는 모습을 보여줍니다.

특히 사냥꾼 아이들은 자신의 힘으로 어려운 일을 해냈을 때 느끼는 효능감에 크게 반응합니다. 그런 점에서 '도파민 타입 학습자'라고 부를 수 있겠네요. 배운 것을 실천하고, 그 과정을 통해 욕구를 충족하며 주변의 인정을 받을 때 학습 동기가 더욱 강해지는 유형입니다. 문제는 이 도파민과 효능감이 공부와 무관한 흥미로도 쉽게 옮겨갈 수 있다는 점입니다. 따라서 자꾸 딴 곳으로 뻗어나가려 하는 에너지를 공부 쪽으로 밀어주는 것이 필요합니다. 사냥꾼 학생들에게는 다소 벅찬 공부 일정도 괜찮습니다. 겉보기엔 대충하는 듯 보여도 핵심적인 부분은 거의 다 파악하고 있기 때문에 큰 스트레스를 받지 않습니다.

반면 파수꾼 유형의 아이들은 도파민의 영향을 덜 받습니다. 시험이 다가오면 걱정이 커져 잠을 줄여가며 시험에 빈틈없이 대비하지요. 시험 범위와 유형, 출제 경향 등을 꼼꼼히 살피고, 수업 내용을 빠짐없이 정리하여 책과 노트에 빼곡이 채워 넣는 것이 파수꾼 아이들의 전형적인 모습입니다. 이런 꼼꼼함 덕분에 안정적인 성적을 얻지만, 동시에 공부가 큰 스트레스로 다가오기도 합니다. 그래도 피하지 않고 공부를 일종의 숙명처럼 받아들이며, 긴장 속에서 집중력을 끌어올립니다.

파수꾼 학생은 안정적인 정서 상태에서 공부를 더 열심히 합니다. 걱정거리를 그대로 두는 것을 불편해하기 때문에 그것을 먼저 처리하고, 안정감 속에서 집중력을 발휘하지요. 이러한 성향 때문에 새로운 도전에는 다소 소극적인 편입니다. 단점일수도 있지만, 오늘날처럼 불확실성이 큰 현대 사회에서는 오히려 장점이 됩니다. 언제 어디서 어려움이 닥칠지 모르는 예측불가능한 사회에서 예민하게 주변을 살피고 위험에 대비하는 능력은 막강한 무기가 되기 때문입니다.

파수꾼은 계획에 따라 움직이는 성향이 강하다 보니, 새로운 정보를 반영해 계획을 고쳐나가지 않으면 성적 향상이 더딜 수 있습니다. 그러나 일단 필요하다고 납득하면 스트레스를 감수하면서도 공부량을 늘리는 추진력을 발휘하기도 합니다. 이러한 특성 때문에 학습 성향을 제대로 이해하는 것이 중요한 쪽도, 이해했을 때 개선의 폭이 큰 유형도 파수꾼입니다.

파수꾼과 사냥꾼은 환경에 적응하는 방식에서도 차이를 보입니다. 둘 다 주변 자극에 민감하게 반응하지만, 파수꾼은 불필요한 요소를 걸러내고 눈앞의 과제에 몰두합니다. 이미 뚜렷한 계획을 세웠기 때문에 주의가 산만해지지 않지요. 반면 사냥꾼은 외부의 자극에 흔들려 사고가 여기저기로 뻗쳐나가기 쉽습니다.

예를 들어 역사 과목을 공부할 때도 파수꾼 학생은 꼼꼼하게 연표를 작성하고, 주요 사건과 인물을 정리하는 방식을 선호합니다. 그러나 사냥꾼 학생의 경우 수업을 듣는 동안 머릿속에서 〈암살〉이나 〈영웅〉 같은 영화 장면이나 〈지식채널e〉, 〈다큐프라임〉과 같은 프로그램의 내용이 자동으로 떠오릅니다. 수업이 끝난 뒤에는 관련 자료를 찾아보며 다른 역사적 사건들과 연결하고, 새로운 해석을 시도하기도 하지요.

이러한 발산적 사고는 학습의 폭과 깊이를 넓혀주지만, 시험에 대비하여 반복 학습으로 실수를 줄이는 공부 방식과는 맞지 않는 부분도 있습니다.

사냥꾼 vs 파수꾼, 누가 시험에서 승리하는가

사냥꾼과 파수꾼, 두 유형 모두 장단점이 뚜렷합니다. 특히 시험을 준비할 때 그 차이가 더욱 분명하게 드러납니다. 사냥꾼 아이들은 도파민 덕분에 성적이 올라가고, 또 도파민 때문에 성적이 떨어집니다. 새로운 지식을 연결하고 자신만의 학습 전략을 세우는 능력이 뛰어나지만, 호기심이 많아 곁길로 새거나 집중력이 흐트러지기 쉽습니다. 반면 파수꾼 아이들은 흥분과 자극의 연쇄작용보다는 안정적인 심리 상태에서 더딜지라도 꾸준히 공부를 이어갑니다. 시험에 철저히 대비해 안정적인 성적을 유지하는 강점이 있지만, 기출 변형처럼 예상 밖의 문제에는 취약한 편입니다.

두 유형 모두 한쪽으로 치우치면 한계가 분명합니다. 따라서 각자의 장점을 살리고 단점을 보완하는 전략이 필요합니다. 이러한 균형 잡힌 접근은 학습 동기를 높이고, 공부에 꾸준히 몰입할 수 있는 힘을 길러줍니다. 다만 이 과정에서 아이의 심리적 안정감과 효능감을 반드시 고려해야 합니다. 이를 무시한 채 사냥꾼 유형의 아이에게 파수꾼의 장점을 강요하거나, 반대로 파수꾼 유형의 아이에게 사냥꾼식 공부법을 억지로 적용한다면 오히려 역효과가 날 수 있습니다. 두 유형은 공부의 동기를 결정짓는 도파민에 반응하는 방식 자체가 다르기 때문입니다.

파수꾼 아이들은 새로운 자극을 좇기보다 익숙하고 안정된 환경을 선호합니다. 기존의 사고 체계를 흔드는 일에 거부감을 느끼기 때문에 외부 자극에 쉽게 흔들리지 않지요. 그래서 이것저것 다양한 체험을 시키기보다는 아이가 편안함을 느끼는 영역에서 깊이 탐구하도록 돕는 편이 더 효과적입니다. 갑작스러운 변화나 강한 자극은 안정된 정서를 해칠 수 있으므로 아이의 반응을 세심히 살피며 새로운 경험의 폭을 서서히 넓혀주는 것이 좋습니다.

사냥꾼 아이들의 머릿속은 늘 흥미로운 생각들로 가득합니다. 이러한 특성이 발산적 사고와 창의성의 원천이 되지요. 관심 있는 분야가 생기면 스스로 자료를 찾아 탐구하고, 기존 지식을 다른 영역과 연결해 새로운 아이디어를 만들어냅니다. 다만 흥미가 빠르게 다른 대상으로 옮겨가기 때문에 한 가지 일에 오래 집중하기 어려워합니다. 그래서 책상 앞에 진득하게 앉아 공부하는 모습을 보기란 쉽지 않지요.

이렇게 두 유형의 장단점이 뚜렷하다 보니, 서로의 특성이 더 돋보여 보일 때가 많습니다. 남의 떡이 커 보이듯, 파수꾼 자녀를 둔 부모는 사냥꾼 학습자의 주도성과 창의성을 부러워하고, 사냥꾼 자녀를 둔 부모는 파수꾼 학습자의 꼼꼼함과 성실함을 부러워하지요.

하지만 서로를 비교하거나 부러워할 필요는 없습니다. 사냥꾼과 파수꾼이 가진 특성은 아이가 성장하며 사회적 역할을 넓혀가는 과정에서 자연스럽게 균형을 이루게 됩니다. 파수꾼이라도 과감한 결단이 필요할 땐 즉시 행동으로 옮길 줄 알고, 사냥꾼 역시 치밀한 계획이 필요한 순간에는 충분히 집중력을 발휘할 수 있습니다. 따라서 '우리 아이가 너무 한쪽으로 치우친 것은 아닐까' 하는 걱정은, 청소년 시기의 자연스러운 특성임을 알고 잠시 내려놓아도 좋습니다.

아이가 자신의 장점에 집중해 그것을 갈고닦으면 그 자체가 자부심이 되고 자랑거리가 됩니다. 파수꾼 아이가 꼼꼼함을 살려 노트 정리의 달인이 되면, 반 친구들이 그 노트를 구경하러 옵니다. 사냥꾼 아이가 주도성을 발휘해 다양한 활동에 나서면, 선생님들에게 인정받고 학급을 넘어 학교의 리더로 성장하지요. 이처럼 자신의 강점을 극대화할 때, 그것은 곧 아이의 정체성이 됩니다. 암기천재나 노트의 달인, 학교의 리더 같은 아이들이 그렇게 탄생합니다.

단점을 보완하려면, 그 이유가 아이 스스로 납득되어야 합니다. 사냥꾼에게 갑자기 성벽을 지키라고 하거나, 파수꾼에게 집을 떠나 사냥을 가라고 한다면, 그에 합당한 이유가 필요하지요. 설명을 듣는다고 해서 바로 수용할 수 있는 것은 아닙니다. 직접 부딪치고 깨닫는 시행착오의 과정을 거쳐야 그 이유를 온전히 이해합니다.

중요한 것은 아이가 자신의 성향과 장단점을 충분히 이해하고, 부족한 부분을 채워가는 동안에도 강점을 살려 성과를 이어갈 수 있도록 돕는 것입니다. 이를 위해 아이들에게는 자신에 대한 올바른 인식이, 부모에게는 그 과정을 지켜보는 인내가 필요합니다.

　아이의 성향을 고려하지 않은 채 단지 공부 시간이 부족하거나 집중력이 약하다고 섣부르게 단정짓는 것은 위험합니다. 아이의 공부 루틴을 무너뜨리고, 스스로 배우고자 하는 의지마저 꺾어버릴 수 있거든요. 책상 앞에 오래 앉아 있는 것이 모든 학생에게 통하는 비법은 아닙니다. 아이의 성향을 파악하고, 그에 맞는 개별화된 전략을 아이와 함께 세워가는 것이 중요합니다.

　시험 결과를 살펴볼 때도 점수에만 집중하기보다 왜 그 문제를 틀렸는지, 어떤 과정에서 실수가 있었는지를 아이의 학습 성향과 연결해 점검해야 합니다. 사냥꾼 아이가 놓치기 쉬운 세밀한 부분이나, 파수꾼 아이에게 부족한 유연성에 대해 이야기하다 보면, 아이는 어느 순간 '내가 한쪽으로 치우쳐 있었구나.'라고 스스로 깨닫게 됩니다. 이러한 성찰을 통해 다른 유형의 강점을 배우며 균형 잡힌 학습자로 성장합니다.

학습 유형 체크리스트

A 항목(7문항)

☐ 전체 내용을 먼저 파악한 뒤, 세부 내용을 자신의 아이디어와 연결해 공부한다.

☐ 자율적으로 학습하며, 집중하고 싶은 과목에 더 많은 시간을 투자한다.

☐ 공부한 내용을 교과서나 문제집, 노트 등에 즉시 메모한다.

☐ 공부한 내용을 정리할 때 자신의 언어로 새롭게 표현한다.

☐ 사람들에게 인정받는 것을 즐기며, 새로운 도전을 두려워하지 않는다.

☐ 계획이 뜻대로 되지 않아도 빠르게 극복하고, 그 안에서 나름의 의미를 찾는다.

☐ 다른 사람의 경험을 참고해 자신의 공부 방식에 적용해 본다.

B 항목(7문항)

- [ ] 세부 내용을 하나씩 꼼꼼히 이해하며 공부한다.
- [ ] 계획을 세운 뒤, 정해진 목표에 따라 체계적으로 공부한다.
- [ ] 공부한 내용을 한 권의 노트에 확실히 정리한다.
- [ ] 공부한 내용을 정리할 때는 정확한 개념을 사용한다.
- [ ] 사람들에게 인정받는 것보다 스스로 세운 목표를 달성하는 것을 더 중요하게 생각한다.
- [ ] 계획이 뜻대로 되지 않으면 원인을 분석하고, 개선 방안을 찾는다.
- [ ] 다른 사람의 경험은 자신의 공부 방식에 큰 도움이 안 된다고 생각한다.

결과

A가 5개 이상일 때

당신은 '사냥꾼형 학습자'입니다. 새로운 것에 대한 도전 의식이 강하고, 한 번 흥미가 생기면 끝까지 파고드는 몰입력이 뛰어납니다. 다만 시험에서는 작은 실수가 생길 수 있으니, 문제를 푼 뒤 마지막 점검 습관을 들이면 더 좋은 결과를 얻을 수 있습니다.

B가 5개 이상일 때

당신은 '파수꾼형 학습자'입니다. 체계적이고 계획적인 공부가 강점이며, 세부 내용을 놓치지 않는 꼼꼼함이 돋보입니다. 다만 새로운 유형의 문제를 만나면 지나치게 신중해질 때가 있으니, 주의가 필요합니다. 선생님께 자주 질문하고, 다양한 풀이 방식을 시도해 보세요. 탄탄한 학습력에 유연함이 더해질 것입니다.

A와 B가 비슷하게 나올 때

당신은 '균형 잡힌 학습자'입니다. 사냥꾼의 몰입력과 파수꾼의 꼼꼼함을 두루 갖춘 학습 성향을 지녔습니다. 상황에 따라 두 유형의 장점을 조화롭게 활용해 보세요. 도전이 필요한 때는 사냥꾼처럼 과감하게, 검증이 필요한 순간에는 파수꾼처럼 세밀하게 접근하면 좋습니다.

공부의 세 중심축: 수업, 문제풀이, 개념이해

"쌤, 영어 공부 어떻게 해야 돼요? 진짜 모르겠어요. 매일 단어를 30개씩 외우고, 문제집도 푸는데 성적이 안 올라요."

"지문을 해석하고 문제를 푼 다음에 정답을 확인해. 그리고 다시 지문으로 돌아가 왜 틀렸는지 살펴보고, 다시 해석을 점검해 봐. 한 문제를 풀더라도 제대로 이해했는지가 중요해."

영어 과목에는 공부의 비결이 있습니다. 영어교육 전문가들도 동의하는 방법인데요, 모르는 문장을 만나면 이해될 때까지 반복해서 읽고 듣고 써보는 것입니다. 단어와 문장의 구조, 발음과 표현을 충분히 살핀 뒤 그 문장을 여러 번 직접 써보며 익히는 거죠. 뻔한 이야기 같지만, 아무나 못하기에 '비결'이라고 부르는 것이겠지요.

누구나 아는 비결을 끝까지 실행하는 사람이 적은 이유는 확실히 이해될 때까지 버티는 집중력과 끈기가 필요하기 때문입니다. 그러나 많은 학생이 이 지루함을 견디지 못하고 공부에서 멀어지게 됩니다.

어떤 내용을 제대로 이해하려면 반복 학습이 필수입니다. 그러나 무작정 반복하는 것은 효율성이 떨어지지요. 반복 학습에도 중요한 원리가 있습니다. 영어뿐 아니라 모든 과목에 똑같이 적용되는 원리입니다. 바로 수업을 통해 큰 틀을 이해하고, 문제풀이로 배운 지식을 실제로 적용하며, 핵심 개념을 깊이 이해하는 과정이 균형 있게 이루어져야 한다는 것입니다. 이 세 가지 축이 맞물려 돌아갈 때 비로소 배운 내용을 확실히 자기 것으로 만들 수 있습니다. 이 중 어느 하나라도 소홀히 하면, 공부는 언젠가 벽에 부딪히고 맙니다.

특히 학년이 올라갈수록 그 벽은 더 높아집니다. 영어에서는 분사, 관계사, 가정법 같은 까다로운 문법이, 수학에서는 미적분이나 삼각함수처럼 낯선 개념이 등장하면서 당황하는 아이들이 많습니다. 이때 공부 의지가 꺾이지 않으려면 이해의 문턱이 높아질수록 수업, 문제풀이, 개념이해 세 축을 고르게 발달시키는 훈련이 필요합니다.

이러한 훈련이 본격적으로 요구되는 시기가 바로 초등학교 고학년입니다. 흔히 이 시기를 '골든타임'이라고 부르지요. 이때가 중요한 이유는 저학년이 기초를 쌓는 단계라면, 고학년은 그 기초 위에 개념을 세워 중·고등학교로 이어지는 다리를 놓는 시기이기 때문입니다. 또한 이 시기는 부모에게는 아이가 공부 기초를 충분히 다졌는지 확인하는 시기이며, 아이에게는 '하고 싶은 공부'가 '해야 하는 공부'로 바뀌는 시기이기도 합니다.

문제는 이 시기부터 공부의 길을 잃는 아이들이 많아진다는 점입니다. 성실히 잘해오던 아이일수록 오히려 더 크게 흔들립니다. 단순 암기와 문제풀이로 버텨온 방식이 점점 복잡해지는 개념 앞에서 한계에 부딪히게 되는 것이지요. 노력해도 성과가 멈추는 시점에서, 아이들은 처음으로 '공부의 벽'을 실감하게 됩니다.

고학년이 되어도 공부에 브레이크가 걸리지 않으려면 어떻게 해야 할까요? 핵심은 '수업', '문제풀이', '개념이해'라는 공부의 세 중심축에 있습니다. 이 세 축이 톱니바퀴처럼 맞물려 돌아가야 학습이 끊기지 않고, 공부 도파민 역시 계속 이어집니다.

세 중심축의 균형이 깨질 때

 실제로 성적 향상에 어려움을 겪는 아이들 보면 세 중심축의 균형이 무너진 경우가 많습니다. 어떤 아이는 문제풀이를 유달리 기피하고, 또 어떤 아이는 문제는 신나게 풀지만 정작 수업에는 집중하지 못합니다. 설명을 잘 듣고 문제도 풀지만, 핵심 개념은 끝내 이해하지 못하는 경우도 있지요.
 이러한 현상은 자신이 어떤 부분에 취약한지 잘 모르거나, 알면서도 익숙한 방식에 머무는 습관에서 비롯됩니다. 하지만 세 영역은 어느 하나 소홀히 할 수 없습니다. 한 축이 약해지면 전체 학습이 흔들리기 때문입니다. 따라서 수업, 문제풀이, 개념이해가 각각 어떤 역할을 하고, 왜 균형 있게 발달해야 하는지 살펴볼 필요가 있습니다.
 먼저 가장 기본이라 할 수 있는 수업입니다. 수업은 학생들이 무엇을, 어떻게, 얼마나 배워야 하는지를 분석하여 정리해 놓은 체계입니다. 새 지식을 접하고 큰 틀을 이해하는 출발점이기도 하지요. 수업을 통해 학습의 전체 그림을 그려야 문제풀이와 개념이해 단계까지 문제없이 이어질 수 있습니다.
 다음 단계는 문제풀이입니다. 수업에서 배운 지식을 실제로 적용해 보는 과정이지요. 이 과정에서 '배움'을 '익힘'으로 전환합니다. 직접 문제를 풀고, 막히면 질문하고, 다시 고쳐 풀면서 교과 속 지식을 습득합니다.

마지막은 개념이해입니다. 수업을 듣고, 문제를 풀어도 그것만으로는 파악하기 어려운 핵심 개념이 반드시 존재합니다. 이 개념을 얼마나 자기 것으로 만들 수 있느냐에 따라 시간이 갈수록 학습 격차가 더 크게 벌어집니다.

세 중심축이 고르게 발달할 때 비로소 효율적인 공부가 이루어집니다. 하지만 현실에서는 이 세 가지 활동이 교사와 부모가 기대하는 만큼 이상적으로 조화를 이루는 경우는 드뭅니다. 아이들이 적응하기도 전에 각 영역이 점점 더 까다로워지면서, 그 과정에서 필요한 능력이 고르게 자라지 못하기 때문이지요. 수업에서는 이해력과 집중력이, 문제풀이에서는 적용력과 응용력이, 개념이해 단계에서는 통합적 사고력과 논리력이 뒷받침되어야 하지만, 이 모든 요소가 균형 있게 발달하기란 결코 쉽지 않습니다. 학교에서도 세 중심축의 균형이 무너져 생기는 문제들을 자주 목격합니다.

그중 가장 흔한 것은 '문제풀이 과다형'입니다. 책상 위에 학원 숙제와 모의고사 문제집을 한가득 쌓아놓고 열심히 문제를 풉니다. 하지만 개념이 헐거운 상태에서 단순 암기에 의존하다 보니, 새로운 유형을 문제를 만나면 금세 막히고 맙니다. 공부량을 늘린다 해도 일정 수준 이상의 성적 향상을 기대하긴 어렵지요.

그 다음은 '수업 의존형'입니다. 교사의 설명을 꼼꼼히 듣고, 필기도 충실히 합니다. 하지만 배운 지식을 문제에 적용하는 연습이 부족하다 보니, 시험에서 낭패를 겪는 경우가 많습니다. 알고 있는 공식을 떠올리지 못하거나, 시간 배분을 잘못해 문제를 끝까지 풀지 못하기도 하지요.

앞의 두 경우보다 드물지만 '개념 집착형'도 있습니다. 나름 수업을 열심히 듣고 문제도 꾸준히 풀지만, 배운 내용이 잘 이해되지 않아 교과서나 참고서에 계속 매달립니다. 이럴 때는 문제풀이와 오답노트를 정리하는 과정이 개념을 이해하는 데 도움이 되지만, 좀처럼 공부 방식을 바꾸지 못합니다. 개념을 완전히 이해해야 한다는 강박 때문에 다음 단계로 넘어가지 못하는 것이지요.

이처럼 어느 한쪽만 지나치게 강조하거나 소홀히 하면, 학습 전체가 삐걱거리게 됩니다. 노력해도 성과가 나오지 않는 경험이 반복되면서 아이들은 '해도 안 되는구나'라는 좌절감에 빠집니다. 무력감이 쌓이면 공부 자체에 흥미를 잃고 아예 손을 놓게 되지요. 수포자, 영포자가 바로 그렇게 생겨납니다.

세 중심축의 균형을 맞추는 힘, 자기주도성

공부의 세 중심축이 톱니바퀴처럼 맞물려 돌아가기 위해서는 아이의 내면에서 솟아나는 주도적인 공부의 힘이 반드시 필요합니다. 이때 말하는 배움의 주도성은 책상에 앉아 열심히 공부하는 것만을 의미하지 않습니다. 모르는 것을 해결하는 능력, 문제를 잘 풀기 위해 자기에게 주어진 자원을 효과적으로 활용하는 능력도 모두 주도성에 속합니다.

주도성이 뛰어난 아이들은 수업, 문제풀이, 개념이해 세 가지 영역을 영리하게 넘나들며 공부합니다. 그러나 주도성이 충분히 발달하지 못한 아이들은 세 가지 활동을 체계적으로 이어가지 못합니다. 개념을 제대로 이해하지 못한 채 문제만 많이 풀거나, 반대로 개념만 파고드느라 다양한 문제를 풀어보는 연습이 부족하지요.

이처럼 주도성의 차이는 학습 성과에서 뚜렷한 차이를 만듭니다. 그런데 주도성에 대해 사람들이 오해하는 것이 하나 있습니다. 주도성을 '스스로 알아서 하는 힘' 정도로만 생각하는 것이지요. 하지만 주도성은 자율성과는 다릅니다. 실제로 주도성은 자율성과 타율성이 조화롭게 발휘되는 능력입니다. 자율성이 자기주도적 의지라면, 타율성은 자신의 의지와 관계없이 정해진 규칙과 원칙을 잘 지켜나가는 힘입니다.

흔히 타율성을 '수동적으로 끌려가는 태도'로 오해하지만, 꼭 그렇지만은 않습니다. 타율성이 있어야 매일 밤 자기 전에 양치를 해야 한다는 부모님의 말을 잘 따릅니다. 학교에 지각하지 않기, 정해진 시간에 학원 가기, 일정 시간만 휴대폰 사용하기 같은 습관도 모두 타율성이 뒷받침될 때 가능합니다. 성실하게 학습 계획을 따르는 일 역시 마찬가지입니다.

타율성은 단순히 참는 능력이 아닙니다. 주어진 조건 속에서 최선을 다하고, 자기 역할을 성실히 수행하는 태도로 발전할 수 있는 소질입니다. 주도성의 바탕에 타율성이 깔려 있어야 비로소 안정적이고 지속적인 학습 태도가 형성됩니다.

이러한 타율성은 수업과 문제풀이 과정에서도 중요한 역할을 합니다. 본질적으로 수업은 교사 중심으로 진행되는 활동입니다. 교사의 설명을 듣고 필기하는 것은 학생의 의지라고 해도, 정해진 수업 흐름을 따라가는 데는 타율성이 강하게 작용하지요. 문제풀이도 마찬가지입니다. 누구나 쉬고 싶고 놀고 싶은 마음이 들지만, 학습 계획에 맞춰 꾸준히 문제를 풀어내는 힘은 타율성이 뒷받침될 때 생깁니다. 이러한 과정을 통해 아이들은 자기주도적 학습으로 나아가기 위한 기본 태도를 길러갑니다.

반면 개념이해는 자율성이 크게 작용하는 영역입니다. 아무리 유명한 강사가 설명하더라도 개념을 학생의 머릿속에 직접 넣어줄 수는 없습니다. 제대로 이해하려면 학생 스스로의 노력이 필요하지요. 수업이 끝난 뒤 모르는 부분을 해결하기 위해 교사를 찾아가 질문하는 일, 배운 내용을 더 깊이 이해하고자 책을 찾아 읽거나 추가 자료를 탐색하는 일도 모두 자율성에 크게 기대는 활동입니다.

공부의 세 중심축이 제대로 맞물려 돌아가려면 자율성과 타율성이 조화를 이루어야 합니다. 스스로 탐구하는 힘과 자기 역할을 성실히 수행하는 힘이 어우러질 때 학습은 균형을 갖추게 됩니다.

세 가지 학습 영역 속에서 자율성과 타율성 아우르기

　수업, 문제풀이, 개념이해 이 세 가지 영역에서 자율성과 타율성을 어떻게 조화시키느냐에 따라 학습 효과는 크게 달라집니다. 그 균형을 유지하는 일은 생각보다 어렵지 않습니다. 일상에서 조금만 의식하고 습관을 들이면 누구나 쉽게 실천할 수 있지요. 구체적으로 어떤 방법들이 있는지 살펴봅시다.

　첫째, '학습로그 작성하기'입니다. 학습로그는 공부한 내용을 기록하여 자신의 학습 과정을 돌아보는 방법입니다. 특히 수업이 끝난 뒤 배운 내용을 간단히 요약 정리하는 것은 여러 과목을 동시에 공부해야 하는 학생들에게 큰 도움이 됩니다. 핵심 내용을 오래 기억할 수 있을 뿐 아니라, 수업 중 이해하지 못한 부분을 스스로 확인할 수도 있지요. 단순히 교사의 설명을 듣는 데서 그치지 않고, 배운 내용을 다시 정리하면서 수동적인 수업이 능동적 학습으로 바뀌게 됩니다. 학습로그를 작성하는 과정에서 아이들은 수업 내용을 자신의 언어로 다시 정리합니다. 그 과정에서 지식이 재구성되고, 기존의 이해 체계와 연결되면서 머릿속에 더욱 단단히 자리 잡습니다.

　둘째, '다른 사람에게 가르쳐주기'입니다. 문제를 풀고 난 뒤 친구나 선생님, 부모님께 풀이 내용을 설명하는 방법이지요. EBS 다큐멘터리 〈상위 0.1퍼센트 학생들의 비밀〉에서도 한 단원 공부를 마칠 때마다 엄마를 방으로 불러 강의하듯이 설명하는 학생이 소개된 적이 있습니다. 이렇게 다른 사람에게 가르쳐주는 방법은, 공부한 내용을 다시 정리하고 자신이 어떤 부분에서 약한지 점검할 수 있기에 학습 효과는 배가됩니다.

아인슈타인은 "설명할 수 없으면 이해한 것이 아니다."라는 말을 남겼습니다. 남에게 가르치는 활동은 단순한 복습이 아닙니다. 설명하려면 내용을 정확히 이해해야 하고, 막히는 부분 없이 머릿속에 체계화되어 있어야 하기 때문입니다. 또한 이 방법은 타율성에서 자율성으로 넘어갈 때, 자율성을 한 단계 끌어올릴 수 있는 방법이기도 합니다. 문제풀이 단계에서 주어진 문제를 푸는 일은 교사가 정한 틀 안에서 이뤄지므로 타율성이 먼저 작동합니다. 하지만 그 문제를 다른 사람에게 설명하거나, 스스로 질문을 만들어내는 순간부터는 자율성이 더 크게 작동하지요.

마지막으로 '독서'입니다. 독서가 늘 권장되는 이유는 개념 이해에 필요한 배경지식을 쌓고, 동시에 핵심 개념을 파악하는 사고 경로를 머릿속에 마련해 주기 때문입니다. 한 권의 책은 한 가지 주제를 설명하기 위해 수십 가지 논리를 연결합니다. 이러한 연결 구조를 파악하고 따라가는 연습은 독서가 아니면 하기 어렵지요. 독서량이 많은 학생이 국어나 사회 과목에서 좋은 성적을 받는 이유도 여기에 있습니다. 좋은 책을 많이 읽고, 감상문이나 서평 쓰는 연습을 꾸준히 할수록 이롭습니다.

양질의 콘텐츠를 활용하는 것도 도움이 됩니다. 역사, 경제, 인물 등 다양한 주제를 다루는 유튜브 채널에서 10분 남짓한 강연이나 짧은 다큐멘터리를 보는 것만으로도 생각의 폭을 넓힐 수 있습니다. 흥미롭게 본 영상이 있다면, 그 주제를 더 알고 싶어 자연스럽게 독서로 이어지는 경우도 많습니다. 이렇게 영상과 독서를 연결하는 습관은 학습 동기를 유지하기 좋은 방법입니다.

4세 고사, 7세 고사라는 말이 나올 만큼 우리 교육은 여전히 시험 과잉의 문화를 벗어나지 못하고 있습니다. 그 속에서 공부의 본질이 무엇인지, 다시 생각해 볼 필요가 있습니다. 학교 수업과 학원 공부가 따로 흘러가는 지금의 구조에서는 배운 내용을 제대로 소화하지 못한 채 다음 학습으로 넘어가는 경우가 많습니다. 이처럼 단절된 학습 구조에서는 지식이 유기적으로 연결되지 않아, 문제를 풀어도 왜 그런지를 이해하지 못하는 일이 흔하지요.

결국 배움이 쌓이지 못하고, 학습은 시험 중심의 방식에 고착화됩니다. 공부가 제대로 이루어지려면 수업, 문제풀이, 개념이해라는 세 가지 중심축이 유기적으로 맞물려 돌아가야 합니다. 그리고 그 과정에서 자율성과 타율성이 조화를 이루어야 하지요.

아이들은 앞으로 아주 긴 시간, 회색 교실에서 흑백 시험지를 바라보며 견뎌야 할 타율성의 순간들을 수없이 마주하게 될 것입니다. 그렇기에 지금 아이들에게 필요한 것은, 타율성의 순간에서도 스스로 사고하고 선택할 수 있는 자율성과 주도성의 힘을 길러주는 일입니다. 아이가 스스로 배움의 과정을 설계하고 조율할 수 있을 때, 공부는 더 이상 '시험 대비'에 갇히지 않고 평생 이어지는 성장의 힘이 됩니다.

공부의 왕은 질문의 왕!

또 한 번의 시험이 끝났습니다. 이번 시험은 문제를 출제할 때 특히 신경을 썼습니다. 난이도를 조절하기 위해 아주 어려운 문제는 줄이고, 대신 매력적인 오답을 넣어 헷갈릴 만한 문제들을 늘렸습니다. 이런 문제가 많으면 답을 고르는 데 상당히 많은 시간을 쓰게 됩니다. 막판에 답을 고쳐 틀리는 경우도 적지 않고요.

아니나 다를까 영어 시험이 끝난 뒤 복도를 지나가는데, 아이들이 우르르 몰려와 시험 이야기를 쏟아냅니다. 다 맞힐 수 있었는데 괜히 답을 바꿔서 두 개나 틀렸다는 아이, 4번 문제의 답이 왜 5번이 아니냐며 따지는 아이. 아이들의 얼굴에는 아쉬움과 억울함이 역력합니다.

그러나 교사 입장에서 봤을 땐 아주 성공적인 시험입니다. 평균 점수가 50점대에 형성되고, 만점자도 손에 꼽을 정도로 드문 것을 봤을 때 변별력을 확보한 시험이기 때문입니다. 아이들의 불만과 하소연을 들어주던 중 복도 끝에서 담담한 얼굴로 서 있는 희주와 눈이 마주쳤습니다.

"희주야, 넌 헷갈리는 문제 없었어?"

저의 질문에 오히려 의아하다는 듯 눈을 동그랗게 뜬 희주는 이렇게 대답했습니다.

"하나도 없었는데요?"

나중에 채점 결과를 확인해 보니, 만점자가 단 두 명뿐이었는데 그중 하나가 희주였습니다. 다른 아이들은 답을 고르기 어려웠다고 아우성이었는데, 희주는 어떻게 단 하나도 헷갈리지 않았던 걸까요?

질문왕 희주

2020년 코로나로 비대면 수업이 시작되었을 때, 처음으로 오픈 채팅방을 만들었습니다. 24시간 아무 때나 영어 수업과 관련한 질문을 올리도록 했지요. 학교에 나오지 못하고 온라인 수업만 듣다 보면 학습량이 줄어들 것이 뻔했기에, 이렇게라도 아이들이 공부에 집중했으면 하는 바람이었습니다.

채팅방에는 한 가지 규칙이 있습니다. 질문은 언제든 환영하지만, 답변은 가능한 시간에 순서대로 해준다는 것이지요. 이 규칙 덕분에 아이들은 부담 없이 질문을 올리기 시작했습니다. 짧게는 한두 줄, 많게는 수십 개의 질문이 연달아 올라올 때도 있었습니다.

그중에서도 희주는 단연 눈에 띄었습니다. 질문방을 만든 지 5년이 지난 지금까지, 희주만큼 열정적으로 질문한 아이는 없었습니다. 그래서 붙은 별명이 바로 '질문왕'. 그 수식어가 조금도 아깝지 않은 학생이었지요.

원래 선생님들은 질문을 많이 하는 아이들을 좋아합니다. 질문이 많다는 것은 수업을 집중해서 듣고 있고, 어떤 부분이 막히는지 스스로 점검하고 있다는 뜻이니까요. 희주가 바로 그런 학생이었습니다. 수업이 끝난 뒤는 물론이고, 혼자 공부하다가 막히는 부분이 생기면 곧장 질문을 올렸습니다. 학원을 다녀온 늦은 밤에도, 심지어 시험날 아침까지도 채팅을 통한 질문이 이어졌습니다.

학생의 질문에 답하다 보면, 단순히 하나의 개념만으로 설명이 끝나지 않을 때가 있습니다. A를 설명하려면 B가 필요하고, B를 알려면 C까지 언급해야지 이해가 되기 때문입니다. 그러다 보면 설명이 꼬리에 꼬리를 물고 이어지기 때문에, 결국 '시험에서는 A만 알아도 충분하다'라고 정리하고 넘어가는 경우가 흔합니다.

하지만 희주는 달랐습니다. A를 이해하기 위해 B에 대해 물었고, B를 알아야 하니 C까지 기꺼이 캐물었습니다. 물론 B와 C도 교과서와 문제집에 나오는 내용이라 완전히 생소한 개념은 아니었습니다. 다른 아이와 다른 희주만이 가진 특별함은 '이해할 때까지 질문을 멈추지 않는 태도'에 있었습니다. 채팅으로 길고 긴 문답을 한 다음에 문제집을 찾아 공부하고, 다시 그 과정에서 생긴 의문을 질문으로 이어갔지요.

희주는 하나의 질문을 해결하기 위해 몇 시간이고 파고드는 아이였습니다. 수업 시간에는 교사의 말 한마디도 놓치지 않으려 집중했고, 스쳐 지나가는 말조차 일단 메모해 두었다가 나중에 다시 확인하고는 했습니다. 공부하다가 모르는 부분이 있으면 이해될 때까지 질문을 계속했습니다.

이것이 희주의 만점 비결이었습니다. 학교 시험은 수업에서 다룬 내용을 벗어날 수 없는데, 사소한 부분까지 놓치지 않으니 아무리 함정이 많은 문제라도 헷갈릴 이유가 없었던 것이지요.

희주의 이런 태도는 교사인 저에게도 큰 영향을 주었습니다. 보통은 수업이 끝난 뒤 아이들과 나누는 짧은 대화만으로는 깊이 있는 이야기를 하기 어렵습니다. 그러나 희주는 하나를 알려주면 열 가지를 찾아와 다시 물어보니 대화가 계속해서 이어졌지요. 희주와의 문답을 통해 아이들이 어떤 부분에서 어려움을 느끼는지 더 세심히 살피게 되었고, 어떻게 하면 더 잘 설명할 수 있을지 끊임없이 고민하게 되었습니다.

그렇게 저는 질문왕 희주를 만나, '질문의 진짜 힘'을 몸소 깨달을 수 있었습니다.

질문으로 자라는 사고력

배움에서 질문의 목적은 단순히 답을 찾는 데 있지 않습니다. 그것은 지식과 나 사이에 징검다리를 놓는 일입니다. 흔히 소크라테스의 명언으로 알려진 "너 자신을 알라."라는 말이 있습니다. 그러나 사실 이 문구는 소크라테스가 직접 한 말이 아니라, 그리스 델포이 신전에 새겨져 있던 격언입니다. 소크라테스가 진정 강조한 것은 "나는 오직 내가 모른다는 것을 알고 있다."는 태도였습니다. 그는 자신의 무지를 스스로 깨달았고, 그 '모름'의 정체를 파악하기 위해 끊임없이 질문을 던졌습니다. 소크라테스에게 질문은 진리에 다가서는 가장 훌륭한 도구였던 셈입니다.

그렇다면 오늘날 학습에서 질문은 어떤 의미를 가질까요? 질문은 아이의 배경지식을 반영합니다. 아는 것이 많아야 질문도 잘 던집니다. 배경지식이 부족하거나 학습 동기가 낮으면 새로운 대상에 관심을 가지고 질문을 던지는 빈도도 줄어듭니다. 그래서 책을 많이 읽거나 상식이 풍부한 아이일수록 학습에 더 주도적으로 참여하는 경향이 강합니다. 이러한 주도성은 보다 정교한 질문을 이끌어내며, 사고의 폭과 깊이를 키우는 선순환으로 이어집니다.

그런 의미에서 질문은 곧 사고력이라 할 수 있습니다. 갑자기 밖에서 '쿵' 소리가 났다고 합시다. 순간 놀라서 '뭐지?' 하며 주의를 집중하고, 이어서 '방금 그건 무엇이었을까?'라는 질문이 떠오릅니다. 이처럼 무언가에 주의를 기울이고 궁금해하는 순간이 '관심'의 시작입니다.

그리고 곧 머릿속에 여러 가지 가능성이 스쳐 지나갑니다. '무언가 떨어진 걸까?', '아니면 누가 문을 세게 닫은 걸까?' 같은 생각들 말이지요. 이 단계에서 작동하는 것이 바로 '추론'입니다. 추론은 단순한 상상이 아니라, 주어진 단서와 이미 알고 있는 지식을 연결해 새로운 결론을 이끌어내는 사고 과정입니다. 수학 문제를 풀 때도 같은 원리가 작동합니다. '이 도형의 넓이를 구하려면 공식 A를 그대로 써야 할까, 아니면 변형해야 할까?'라는 고민 역시 추론의 한 예입니다.

마지막으로 '판단'이 뒤따릅니다. 질문을 통해 세운 가설이 옳은지 검토하고, 이해가 되지 않는 부분은 선생님이나 부모님께 물으며 생각의 방향을 조정합니다. 이렇게 관심 → 추론 → 판단의 과정을 거치며 아이들은 세상을 해석하는 자신만의 사고 체계를 만들어갑니다.

이러한 사고의 흐름은 단순한 인지 과정에 머물지 않습니다. 실제 학습에서도 아이가 어떻게 사고하고 배우는지를 결정짓는 핵심 원리로 작용하지요. 아이들이 어떤 과목을 좋아하게 될 때도 이와 같은 흐름이 이어집니다. 작은 관심에서 시작해 질문을 던지고, 그 질문에 대한 가설을 세우며 추론을 이어가다가, 결국 '재미있다' 또는 '내가 잘할 수 있겠다'라는 판단에 도달하는 것이지요.

예를 들어 아이가 밤하늘의 별을 보며 '왜 별은 반짝일까?'라는 호기심을 품었다고 해봅시다. 처음에는 '별이 스스로 빛나기 때문일까?'라는 가설을 세웁니다. 그 답을 찾기 위해 책이나 영상을 찾아보겠지요. 그러다 별빛이 지구 대기를 통과하며 굴절하기 때문에 반짝이는 것임을 알게 되면, 또 다른 궁금증이 생깁니다. '그럼 왜 낮에는 별이 보이지 않을까?'와 같은 새로운 질문이지요.

이처럼 아이는 질문을 통해 가설을 세우고, 그 가설을 검증하며, 다시 새로운 의문으로 사고의 폭을 넓혀갑니다. 이 과정을 거치며 세상을 이해하는 방식이 달라지고, 마침내 '과학 재미있네!'라는 결론에 이르게 됩니다.

이 모든 사고의 과정에서 빠지지 않는 것이 있습니다. 바로 '질문'입니다. 관심이 추론으로, 추론이 판단으로 이어지려면 아이 스스로 '이건 왜 그렇지?'라는 물음을 끊임없이 던져야 합니다. 질문은 모르는 것을 해결하는 수단을 넘어, 사고 수준을 끌어올리는 가장 좋은 도구입니다. 질문왕 희주가 공부를 잘했던 것도 결코 우연이 아니지요.

그렇다면 좋은 질문은 어떻게 만들어질까요? 무엇보다 먼저 질문의 양을 늘려야 합니다. 아이에게 질문은 타고나는 재능이 아니라, 연습을 통해 충분히 길러질 수 있는 능력입니다. 엉뚱하게 들리는 질문이라도 결코 무시해서는 안 됩니다. 그 안에는 아이의 호기심과 사고의 출발점이 숨어 있기 때문입니다. 작고 단순한 질문이라도 계속 던지다 보면 생각의 폭이 넓어지고, 사고의 근육이 서서히 단련됩니다.

 어른이 먼저 질문을 던져 아이의 생각을 이끌어주는 것도 좋은 방법입니다. 단순한 설명보다 질문으로 대화의 물꼬를 트고 자유롭게 의견을 주고받는 편이 아이의 사고를 훨씬 강하게 자극합니다. 예를 들어 "저기 무지개가 떴네."라고 말하는 대신 "왜 비가 온 뒤에 무지개가 생길까?" 하고 물어보는 겁니다. 이렇게 일상에서 질문이 오가는 대화가 이어지면, 아이는 생각하는 과정 자체에 흥미를 느끼게 되고 자연스럽게 질문의 양이 늘어납니다.

 질문의 양이 늘어나면, 사고의 폭과 깊이도 함께 자랍니다. 처음에는 단순히 '왜?'라고 묻던 아이가, 어느 순간 '만약 … 라면 어떻게 될까?'처럼 스스로 가설을 세우고 탐구하는 질문을 던지게 되는 것이지요.

주도적 배움을 이끄는 질문

교육학적으로는 학습자가 혼자 공부하다 막히는 부분이 생겼을 때 교사에게 질문하고 풍성한 대화가 오가는 과정에서 배움이 질적으로 전환된다고 봅니다. 1:1 과외가 교육적으로 유익하다고 하는 이유도 여기에 있습니다.

문제를 풀 때 학생은 배운 내용을 적용해 답을 찾습니다. 이 과정에서 혼자 고민하며 풀이 과정을 탐색하는 시간은 매우 중요하지요. 그러나 어디에서 막혔는지, 어떤 맥락에서 문제가 출제되었는지, 무엇을 묻는지에 대해 즉각적인 피드백이 오갈 때 배움은 한층 깊어집니다. 혼자 문제를 풀 때조차 그 안에서 이루어지는 질문과 대화가 학습의 질을 좌우합니다.

그런데 현실에는 공부를 잘하는 아이도, 도움이 필요한 아이도 좀처럼 질문을 하지 않습니다. 학원에서도 마찬가지입니다. 왜일까요? 문제풀이 중심의 교육 문화가 아이들의 학습 태도를 지나치게 타율적으로 만들었기 때문입니다. 시험이든 공부든 혼자 해야 한다는 생각이 강하다 보니, 질문하는 행동 자체를 '스스로 해결하지 못하는 무능함'으로 받아들이는 경우가 많습니다. 그 결과, 아이들은 문제 하나에 몇십 분씩 매달리면서도 누군가에게 묻는 것을 주저합니다.

아이들이 질문을 꺼리는 이유가 또 하나 있습니다. 요즘은 대부분의 정보를 인터넷에서 손쉽게 찾을 수 있는 데다가 AI까지 등장하면서 굳이 어른들에게 물어볼 필요가 없다고 여기는 듯합니다. 학원에서 들으면 된다, 검색하면 된다, AI에 물어보면 된다는 생각이 수업 시간의 질문을 차단합니다. 이러한 분위기가 계속되면서 교사와 학생 사이의 대화는 줄어들고, 수업은 점차 교사의 설명만 남은 시간으로 변해가고 있습니다.

하지만 질문 없는 배움은 위험합니다. 질문을 반복하며 탐색하고, 추론하고, 판단하는 과정을 거치지 않으면 아이는 자신이 무엇을 모르는지조차 깨닫지 못합니다. 수업을 집중해서 듣고, 문제도 다 맞혔다고 해서 그날의 공부가 완벽히 마무리된 것은 아닙니다. 겉으로는 이해한 듯 보여도, 내면에는 아직 정리되지 못한 지식의 조각들이 남아 있지요. 이 파편들이 쌓여 결국 성적을 툭툭 떨어뜨립니다. 그래서 학년이 올라갈수록 적극적으로 질문하는 아이가 교사의 피드백을 통해 자기 이해를 다지고, 배움의 주도권을 잡을 수 있습니다.

희주의 사례가 이를 잘 보여줍니다. 희주는 질문을 짧고도 정확하게 던졌고, 교사와의 대화 속에서 배운 내용을 확실한 개념으로 다져갔습니다. 물론 희주라고 처음부터 질문을 잘했던 것은 아닙니다. 누구나 그렇듯, 희주도 처음에는 서툴게 질문했습니다. 하지만 질문을 계속 던지면서 점차 핵심을 파고드는 수준으로 발전했지요.

효과적인 질문에는 준비가 필요합니다. 질문을 잘하는 아이는 먼저 충분히 생각합니다. 무엇을 알고 있고, 무엇을 모르는지 스스로 정리하고, 필요하다면 예습을 통해 질문의 방향을 미리 세워둡니다. 이렇게 준비된 아이는 수업 중에 혹은 수업이 끝난 직후, 가장 적절할 타이밍에 질문을 던질 수 있습니다. 그 순간 교사와 주고받는 짧은 대화가 큰 학습 효과를 냅니다.

혼자 공부하다가 생긴 의문도 그냥 흘려보내지 않는 것이 중요합니다. 이럴 때 '질문노트'를 만들어 생각을 정리해 두면 큰 도움이 됩니다. 활용 방법은 간단합니다. 먼저 모르는 것을 적고, 혼자 풀어봅니다. 그런 다음 인터넷이나 책에서 찾아본 답을 기록하고, 마지막으로 선생님께 묻고 설명을 덧붙입니다. 이렇게 정리하면 내가 어디에서 막혔는지, 무엇을 새롭게 이해하게 되었는지를 한눈에 확인할 수 있습니다.

질문노트 활용법

	20 . . (요일)
질문	
내가 생각한 답	
찾아본 답	
선생님 답변	
이해된 부분	
이해가 안 된 부분	

함께 질문하기의 효과

그런데 질문을 꼭 선생님께만 해야 할까요? 배움은 친구와 나누는 순간에도 크게 자랍니다. 혼자 예습을 하고 질문노트를 채우는 것도 좋지만, 곁에 함께 배우며 생각을 주고받을 친구가 있다면 그 효과는 몇 배로 커집니다.

실제로 학교에서는 친구들과 함께 예습이나 질문거리를 준비하는 활동을 자주 합니다. 보통 네 명이 한 모둠이 되어 과목이나 단원을 나눠 맡고, 각자 정리한 내용을 발표하거나 토론하는 방식이지요. 이렇게 하면 자신이 공부한 내용을 친구들에게 설명하며 복습할 수 있고, 다른 친구가 준비한 질문을 통해 미처 생각하지 못한 부분까지 점검할 수 있지요.

예를 들어 수학 시간에는 한 친구가 도형 단원의 문제풀이 과정을 맡고, 다른 친구는 왜 그 공식을 활용해야 하는지 이유를 조사해 옵니다. 세 번째 친구는 비슷한 유형의 문제를 찾아오고, 마지막 친구는 틀리기 쉬운 포인트를 정리해 옵니다. 이렇게 모아 토론을 하면 단순히 정답을 맞히는 데서 그치지 않고, 문제의 배경과 응용까지 함께 이해하게 됩니다. 역사 수업에서도 마찬가지입니다. 네 명이 시대를 나눠 맡아 주요 사건을 정리해 오면, 발표와 토론을 통해 왜 이런 사건이 일어났는지 그 사회적 배경과 맥락 등을 파악할 수 있지요.

친구들끼리 나누는 질문은 생각을 훨씬 풍성하게 만듭니다. 내가 놓친 부분을 다른 친구가 채워주고, 같은 문제라도 서로 다른 방식으로 풀어보는 과정에서 사고의 폭과 깊이가 달라집니다. 혼자라면 단순히 '맞다, 틀리다'로 끝났을 문제도 여럿이 함께하면 전혀 다른 시각으로 다시 바라보게 되지요.

무엇보다 중요한 것은, 이런 협력적 질문 학습이 아이들의 주도성을 강화한다는 점입니다. 혼자 공부할 때 쉽게 포기했을 문제도 친구와 함께 끝까지 풀어볼 수 있고, 서로 격려하며 학습을 이어갈 수 있습니다. '친구 따라 강남 간다'는 말처럼, 공부도 친구 따라 더 열심히 하게 됩니다. 함께 질문하고 배우는 경험이 쌓일수록 배움의 즐거움은 커지고 학습 능력은 한층 단단해집니다.

질문은 배움의 출발점이자, 학습의 방향을 스스로 쥐고 있음을 보여주는 가장 확실한 증거입니다. 스스로 묻고 답을 찾아가는 과정 속에서 아이는 지식을 수동적으로 받아들이는 존재를 넘어, 자기 학습을 이끄는 주체로 성장합니다.

또한 질문은 사고력을 단련하는 가장 강력한 훈련이기도 합니다. 작은 호기심에서 시작된 물음이 추론과 판단으로 이어질 때 사고는 더 깊어지고, 배움은 훨씬 풍성해집니다. 질문 노트에 쌓인 기록과 친구들과 나눈 대화 역시 학습의 지평을 넓혀주지요. 결국 자주 묻고, 더 나은 질문으로 다듬어가는 아이가 공부에서도 한 걸음 앞서 나갑니다. 질문은 단순한 호기심이 아니라 배움 전체를 움직이는 힘이기 때문입니다.

최상위권 학생의 비밀, 초집중

 "이번 단원에서 배운 것은 프랜시스 글래스너 리 여사가 하버드 대학에 법의학과를 세우고, 포렌식 수사 기법을 만든 이야기야. 리 여사는 대학은커녕 정규교육조차 받지 못했지. 당시 여성에게는 투표권조차 없었으니까. 이 단원에서는 두 가지를 더 탐구할 수 있을 것 같아. 하나는 여성 인권 문제, 또 하나는 법의학과 수사 기법이지. 오늘은 각자 전공하고 싶은 분야를 정해서, 그 분야와 관련해서 어떤 탐구 주제가 더 있을지 찾아보자."

 한 단원 수업이 끝났습니다. 이제 무엇을 할까요. 시험? 당연히 보겠지요. 내용 정리? 그것도 좋습니다. 그런데 더 중요한 것이 있습니다. 바로 배운 것을 더 깊이 파고들어 자기만의 공부 성과를 만들어내는 것입니다. 그래서 저는 한 단원이 끝날 때마다 아이들에게 '단원 마무리 활동지'를 나눠줍니다.

활동지에는 단순한 요약이나 정리 대신, 배운 내용을 바탕으로 더 깊이 탐구할 수 있는 주제를 적도록 합니다. 실제로 그날 아이들이 제출한 활동지에는 성차별, 여성 인권, 약학 분야의 동물 실험, 통계 분석, 설계와 현장 파악 등 다양한 주제들이 담겨 있었습니다. 교과서에서 출발했지만, 그 범위를 넘어 각자의 관심사가 진로 탐구로까지 확장된 것입니다.

여기서 멈추지 않고, 아이들에게 활동지에 한 가지를 더 적게 합니다. 이번 단원을 공부하며 여전히 이해가 잘 되지 않은 부분을 쓰는 것입니다. 수업 시간에 질문을 잘하지 못하는 아이들도 활동지에 쓰라고 하면 제법 많은 내용을 적어냅니다. 때로는 단순한 기본 개념이나 용어 풀이일 때도 있고, 풀지 못한 문제나 해석하기 어려운 문장일 때도 있습니다. 그중 중요한 것들을 추려 다시 설명하는 시간을 갖습니다. 아이들이 스스로 놓쳤던 부분을 확인하고, 제대로 이해하도록 돕는 것이지요.

이러한 마무리 활동을 통해 아이들이 얻게 되는 것은 두 가지입니다. 하나는 '배운 것을 더 넓은 탐구로 확장하는 경험'

이고, 다른 하나는 '모르는 것을 끝까지 해결하려는 태도'입니다. 이 두 가지가 함께할 때, 단순히 과제를 수행하는 경험을 넘어 스스로 탐구하고 깨닫는 의미 있는 배움이 이루어집니다. 그 순간 아이의 내면에는 공부에 몰입하여 끝까지 탐구하는 힘, 곧 '초집중'의 씨앗이 싹트기 시작합니다.

자투리 공부와 초집중

'자투리 시간'이라는 말이 있습니다. 학교생활에도 자투리 시간이 많지요. 등하굣길 버스 안, 수업이 끝난 뒤 10분, 점심 먹기 전후의 짧은 틈이 다 자투리 시간입니다. 흔히 이 짧은 시간을 어떻게 쓰느냐에 따라 성적이 달라진다고들 합니다. 실제로 열심히 공부하는 학생들은 이 시간을 그냥 흘려보내지 않습니다. 단어장을 들여다보거나, 방금 배운 내용을 간단히 정리하는 등 알차게 활용합니다.

그런데 성적의 차이를 만드는 것은 꼭 '시간의 양'만은 아닙니다. 짧은 시간을 어떻게 활용하느냐 못지않게, 배움 속에서 생기는 작은 빈틈을 얼마나 잘 메우느냐가 중요합니다. 이

것이 바로 '자투리 공부'입니다. 즉 학습 과정에서 놓친 틈새를 보완하는 공부이지요. 여기서 말하는 작은 틈새는 수업 시간에 선생님이 빠르게 지나친 개념, 문제를 풀다 막혔는데 답만 확인하고 넘어간 풀이, 교과서 구석의 작은 설명 문구 같은 것들을 말합니다. 눈에 잘 띄지 않지만, 그냥 놔두면 계속 쌓여서 학습에 큰 구멍을 만들지요.

예를 들어 수학 문제를 풀다가 '공식은 알겠는데 왜 이렇게 되는 거지?'라는 의문이 들었는데 그냥 넘어갔다면, 그것이 바로 놓쳐버린 자투리 공부입니다. 영어 지문에서 모르는 단어를 대충 뜻만 짐작하고 지나가는 것도 마찬가지입니다. 이러한 자투리 공부를 제때 챙기지 않으면, 마치 식사 때 반찬을 골라 먹다 중요한 영양소를 놓치는 것과 같습니다. 당장은 배가 부르지만, 시간이 지나면 건강에 문제가 생기듯 성적에도 분명 영향을 미치게 됩니다.

그래서 최상위권 학생들은 자투리 시간뿐 아니라 자투리 공부도 놓치지 않습니다. 모르는 개념이 생기면 표시해 두었다가 반드시 해결합니다. 쉬는 시간에도, 이동 중에도 방금 막혔던 부분을 곱씹습니다. 이렇게 배움의 빈틈을 그때그때 메우는 습관은 단순한 복습을 넘어서는 일입니다. 작은 빈틈 하나를 끝까지 붙들고 해결하는 과정에서 집중력은 수업 시간에 머물지 않고 일상 전체로 확장됩니다. 이때부터 진짜 '초집중'이 시작되는 것이지요.

초집중은 특별한 기술이 아닙니다. 수업 중에 생긴 물음을 그날 안에 해결하려는 태도, 짧은 순간에도 학습의 흐름을 이어가려는 습관에서 비롯됩니다. 모르는 개념에 밑줄을 긋고, 쉬는 시간에 찾아보거나, 집에 가는 길에 다시 떠올려보는 일처럼 사소해 보이는 행동들도 모두 초집중의 한 모습이지요. 이렇게 배운 내용을 일상에서 자연스럽게 되새길 때, 집중력은 더 길고 단단하게 유지됩니다. 책상 앞에 각 잡고 앉았을 때만 발휘되는 것이 아니라, 필요할 때 언제든 작동하는 습관으로 자리 잡습니다.

상위권 학생과 최상위권 학생의 차이는 이런 태도에서 드러납니다. 대부분의 학생은 수업이 끝나면 바로 집중력이 흐트러지지만, 초집중하는 습관이 몸에 밴 학생은 수업이 끝난 뒤에서도 사고의 끈을 놓지 않습니다. 배운 내용을 곱씹고 이해가 덜 된 부분을 스스로 점검하며 보충하지요. 그 결과 같은 50분 수업을 듣더라도 얻을 수 있는 학습의 성과가 완전히 달라집니다.

한마디로 말해 초집중은 공부에 대한 집중력을 수업 시간뿐 아니라 그 이후의 시간까지 유지하는 습관이라 할 수 있습니다. 초집중이 활성화되면 자투리 시간을 최대한 활용할 수 있지요. 초집중은 자투리 공부를 남겨두지 않습니다. 단어 하나에서도 의미를 찾아 탐구하고, 공부한 단원을 되새기며 '이것이 가진 의미는 무엇일까', '이 문제를 어떻게 해결할 수 있을까' 하고 끊임없이 고민합니다.

자투리 공부를 흘려보내지 않고, 배운 것을 더 깊이 파고들며, 작은 의문조차 끝까지 따라가는 습관. 이것이야말로 최상위권 학생들이 가진 진짜 힘입니다. 그리고 이 힘은 타고난 재능이 아니라, 누구나 훈련을 통해 기를 수 있는 능력입니다.

초집중을 위한 'PP 공부법'

아이들에게 초집중의 태도를 길러주는 일은 '자투리 공부'에서 시작됩니다. 앞서 말했듯이 자투리 공부는 배움의 틈새에서 생긴 빈칸을 메우는 일입니다. 따라서 아이가 책상 앞에 얼마나 오래 앉아 있는지보다, 머릿속에서 어떤 빈칸을 붙들고 있는지가 훨씬 중요합니다.

아이들은 날마다 수없이 많은 질문을 던집니다. '왜 공부를 해야 하지?', '무지개는 왜 일곱 가지 색일까?', '우주선에서 사람들이 어떻게 걸어 다니지?'와 같은 물음은 아이들이 세상과 대화하는 방식이라 할 수 있습니다. 하지만 아이가 던지는 대부분의 질문은 깊이 있는 지식으로 이어지지 않습니다. 부모가 그럴듯한 답을 들려주면 아이는 고개를 끄덕이며 수긍하고, 대화는 그 지점에서 멈추지요. 그 순간 아이의 집중력과 호기심의 불씨도 함께 꺼져 버립니다.

배움의 불씨를 꺼뜨리지 않으려면, 호기심이 학습으로 이어지도록 인식을 전환해야 합니다. 아이들이 던진 질문을 그저 스쳐 지나가는 말로 넘기지 말고 '오늘의 자투리 공부', 즉 오늘 반드시 확인하고 탐구해야 할 과제로 보는 것입니다. 머릿속에 생긴 물음을 끝까지 따라가다 보면, 집중하는 시간이 놀라울 만큼 길어집니다. 이것이 바로 초집중의 힘이지요.

그렇다면 최상위권을 결정짓는 조건인 초집중의 태도를 어떻게 길러줄 수 있을까요? 현실에서 적용할 수 있는 구체적인 방법이 있습니다. 바로 'PP 공부법'입니다. Phenomenon(현상)과 Project(프로젝트), 두 단계가 핵심입니다. 먼저 첫 번째

P부터 살펴보겠습니다.

'현상 기반 학습'은 아이가 발견한 현상에서 실제 학습이 시작되는 방법을 말합니다. '욕조 물이 소용돌이치면 왜 더 빨리 빠질까?', '여름 햇살은 왜 더 따갑게 느껴질까?' 같은 질문이 출발점이 됩니다. 아이가 일상에서 품는 수많은 호기심을 교과 지식과 연결해 깊이 탐구하는 방식이지요. 여기서 중요한 것은 거창한 질문이 아닙니다. 눈앞의 현상을 주의 깊게 바라보고 그냥 흘려보내지 않는 태도가 핵심입니다. 작은 의문을 끝까지 붙잡는 과정 속에서 집중력은 자연스럽게 길러지고, 이런 경험이 쌓이면 일상의 모든 순간이 학습의 장으로 변하게 됩니다.

호기심에서 출발한 질문을 붙잡는 것만으로는 충분하지 않습니다. 그 의문을 끝까지 탐구하여 구체적인 결과물을 만들어내는 단계가 이어져야 합니다. 그래야 학습이 완성됩니다. 이때 필요한 것이 바로 PP 공부법의 두 번째 P인 프로젝트 학습입니다.

'프로젝트 학습'은 생활 속에서 문제를 발견하고, 그에 대한 조사나 실험 방법을 스스로 결정하여 해결책을 찾는 방법입니다. 문제해결력과 자기주도적 학습 능력을 키우는 데 효과적이라서 학교에서도 많이 활용하고 있습니다. 초등학교의 발명대회나 중·고등학교의 탐구발표대회가 대표적입니다. 특히 고등학교에서는 창의적 체험활동을 통해 모든 학생이 다양한 팀 프로젝트와 개인 프로젝트에 참여하고 있습니다. 이것이 대학 입시에서 학생부 종합전형 평가 항목으로 고스란히 반영되지요.

현상 기반 학습이 자투리 공부를 놓치지 않고 집중하는 힘을 길러준다면, 프로젝트 학습은 그 집중력으로 더 가치 있는 지식에 다가서는 탐구 활동에 가깝습니다. 이 두 가지가 합쳐져 'PP 공부법'이 됩니다. 현상에서 출발해 프로젝트로 확장되면, 아이의 호기심은 구체적인 탐구와 학습 성취로 이어집니다. 다시 프로젝트 과정에서 새로운 현상을 발견하면 또 다른 질문이 생겨나지요. 이렇게 현상과 프로젝트가 순환되면서 아이의 사고력과 몰입력은 한층 더 깊어집니다.

현상 기반 학습을 프로젝트 학습으로 이어가는 이유는 아주 단순합니다. 하나의 대상에 집중해 관심을 기울이는 데서 그치지 않고, 스스로 탐구 계획을 세우고 목표를 정하며 결과물을 만들어내는 단계로까지 확장함으로써 학습 효과를 높이기 위함입니다. 이 과정을 통해 아이들은 초집중 수준의 몰입력을 발달시킵니다. 수업이 50분이면 50분, 하루 종일 해야 할 과제라면 하루 종일, 그것을 붙들고 씨름하려는 의지와 에너지가 활성화되는 것이지요. 자투리 공부로 시작해 새로운 현상에 대한 문제제기로 이어지는 과정에서, 초집중의 에너지를 뿜어내는 아이들은 모르는 것을 포착하고, 그것을 해결할 때까지 집중력을 유지합니다. 이 경험이 쌓이면서 아이들은 한 걸음 더 나아가 탐구의 깊이를 더하고, 새로운 학습의 길을 스스로 만들어갑니다.

중요한 것은 이 두 가지 학습이 단계적으로, 그리고 순환적으로 이루어져야 한다는 점입니다. 현상 없이 프로젝트만 진행하면 결과물은 그럴듯해 보여도 아이의 생각은 비어 있기 마련입니다. 예를 들어 발명대회에 나가려는 학생이 있다고 합시다. 평소 주변과 사물과 대해 관심을 갖고 깊이 탐구한 경험이 없다면, 아이의 아이디어가 아닌 어른의 생각이 담긴 발명품이나 보고서가 나올 것이 뻔합니다. 반대로 현상만 탐구하다 끝나면 의미 있는 성과가 남지 않습니다. 이처럼 PP 공부법은 반드시 현상에서 프로젝트로, 프로젝트에서 다시 현상으로 이어지는 선순환을 만들어야 제대로 된 효과를 볼 수 있습니다.

따라서 아이가 툭툭 던지는 엉뚱한 질문에도 관심을 기울일 필요가 있습니다. 겉으로는 공부와 전혀 관련 없어 보일지라도, 작은 호기심이 프로젝트로 확장되는 순간 일상의 경험은 탐구와 공부로 바뀝니다. 이때 아이의 뇌에서는 도파민이 분비되며 집중력이 한층 높아집니다. 이러한 경험이 반복될수록 초집중의 습관이 더 단단히 자리 잡습니다.

초집중의 대상 찾아주기

PP 공부법을 통해 일상에서 초집중 습관을 길렀다면, 이제 그 힘을 공부에서도 최대한 발휘할 수 있도록 도와야 합니다. 그런데 여기서 현실적인 문제에 부딪힙니다. 초집중하는 태도가 몸에 익어도, 아이들에게 '공부'라는 과제는 여전히 멀게만 느껴진다는 점입니다.

부모는 하루하루가 급하지만, 아이들의 시간 감각은 다릅니다. 어른들에게는 금세 다가오는 3년, 5년 뒤가 아이들에게는 아득히 멀게만 느껴집니다. 심지어 다음 달에 중요한 시험이 있어도 아직 시간이 충분하다고 생각하지요. 그래서 공부는 미루고, 당장은 게임이나 놀이, 친구들과의 수다에 빠져듭니다. 공부보다 재미있는 것이 눈앞에 가득하니까요. 따라서 초집중을 실제 공부에 효과적으로 활용하려면, 멀게만 느껴지는 과제 대신 아이가 지금 당장 손에 잡고 몰입할 수 있는 구체적인 대상이나 목표를 제시해 주는 것이 좋습니다.

저는 이 비결을 직접 깨달은 적이 있습니다. 대학생 때 영어 과외를 맡았던 한 학생 덕분이었죠. 당시 그 학생은 중학교 3학년으로 영어를 거의 포기한 상태였습니다. 어떻게 가르칠지 고민하다가 문법이나 독해 대신 '소리 내어 읽기' 한 가지에만 몇 달을 집중했습니다. BBC 뉴스든, 팝송 가사든, 중학교 수준의 지문이든 매주 두 시간씩 소리를 정확히 흉내 내며 읽게 했습니다. 뜻은 몰라도 괜찮다, 오늘은 이 발음 하나에 집중하자는 식으로 목표를 아주 구체적으로 정해주었습니다. 틈틈이 소리 규칙과 단어, 발음에 관한 이야기를 덧붙여 흥미를 잃지 않도록 했고요.

사실 우리나라 영어교육 현실에서 발음은 후순위입니다. 성적을 올리려면 독해와 문법에 힘을 쏟는 것이 상식이지요. 특히 고입을 앞둔 상황이었기에 발음을 지도한 것은 모험이나 다름없었습니다. 하지만 이 학생에게 문법이나 독해는 너무 먼 목표였고, 도저히 집중하기 어려운 영역이었습니다. 그래서 일단 즐겁게 영어를 듣고 발음해 보는 자투리 공부에 집중하도록 지도했습니다.

1년쯤 지나 그 학생은 고등학교에 진학했고, 원어민 교사는 아이의 또렷한 발음을 듣고 영어 실력이 뛰어나다고 판단해 상위 반에 배정했습니다. 주변의 기대와 영어에 대한 흥미가 더해지자 이 학생은 영어 공부를 더 열심히 했습니다. 발음에서 얻은 자신감을 바탕으로 독해, 어휘, 문법까지 학습을 넓혀 갔고, 결국 상위권 성적을 거둘 수 있었습니다.

이 이야기가 전해주는 메시지는 단순합니다. 아이가 당장 집중할 수 있는 현실적인 목표를 정해주면, 그것이 초집중의 발판이 된다는 것입니다. 거창한 계획이나 먼 미래가 아니라, 눈앞에 흥미롭게 몰입할 수 있는 '현상'을 학습의 출발점으로 삼는 것이지요.

이 원리는 모든 과목에 적용될 수 있습니다. 수학이라면 '오늘 이 풀이를 말로 설명한다', 국어라면 '각 문단의 중심 문장을 표시하고 한 문장으로 요약한다', 과학이라면 '실험 영상을 하나 보고, 원리를 핵심 키워드 두 개로 정리한다'처럼 작고 명확한 집중 지점을 정해주면 됩니다. 이것이 곧 PP 공부법의 흐름입니다. 눈앞의 현상(오늘 생긴 궁금증이나 막힌 부분)을 포착하고, 그것을 짧은 프로젝트(구체적인 목표·방법·기록)로 연결하는 것이지요. 이렇게 작게 시작해 끝까지 완결하는 경험이 쌓이면, 아이는 학습을 단순히 '듣고 넘어가는 것'에서 '스스로 해결하는 과정'으로 받아들입니다.

초집중은 수업 중에 남은 빈칸, 책을 읽다 마주한 낯선 개념, 생활 속에서 스친 의문들을 그냥 흘려보내지 않고 끝까지 탐구하는 습관에서 시작됩니다. 다시 말해, 자투리 공부를 얼마나 놓치지 않았는지가 초집중의 출발점입니다.

이 습관이 일상에 자리 잡으면 공부는 완전히 달라집니다. 자투리 공부가 빈틈을 메우며 기본기를 단단히 다져주고, PP 공부법은 단순한 호기심을 실제 탐구 활동으로 확장시켜 학습을 한 단계 끌어올려 주니까요. 작은 의문을 붙잡아 탐구하는 경험이 쌓일수록, 집중은 길어지고 배움은 깊어집니다. 이것이 바로 상위권과 최상위권을 가르는 결정적 차이인 동시에, 하위권 학생이든 중위권 학생이든 얼마든지 성적을 향상시킬 수 있는 결정적 한방이 됩니다.

PP 공부법 활동지

현상		
프로젝트	문제점	
	목표	
	탐구 주제	
	탐구 방법	
	자기 평가	

공부법을 넘어서는 상위 능력, 메타인지

"아니, 애들아. 어휘를 공부하려면 단어만 외우지 말고 문장을 외워. 오늘 수업에도 좋은 복문이 몇 개나 나왔잖아."

아이들 책상에는 으레 단어장이 놓여 있습니다. 학원용 어휘 테스트, 내신 대비, 수능 대비, 토익 대비까지 제목만 다를 뿐, 누구나 단어장 한두 권쯤은 가지고 있지요. 그 단어장을 붙들고 틈날 때마다 단어를 외웁니다.

그런 식으로 단어만 외우는 것은 효과가 없다고 말해도 아이들은 요지부동입니다. 이해는 갑니다. 당장 오늘 학원 테스트를 통과해야 제 시간에 집에 갈 수 있으니까요. 하지만 그런 모습을 볼 때면 늘 안타깝습니다. 비효율적인 공부법이라는 것을 알기 때문이지요. 실제로 영어 성적이 좋은 아이들은 쉬는 시간에 단어장을 붙들고 있지 않습니다. 수업 시간에 배운 중요 구문들을 다시 살펴보며 질문할 거리가 없나 찾고 있지요.

15년간 학교에서 영어를 가르친 제 경험으로 보자면, 중학교 이후에는 굳이 단어장을 들고 다니며 외울 필요가 없습니다. 단어만 따로 암기하는 것은 기초 단계에서만 의미가 있고, 그 이후에는 다양한 글을 읽으며 접하는 어휘를 맥락 속에서 정리하는 것이 훨씬 효과적이기 때문입니다. 모르는 단어가 나오더라도 앞뒤 흐름을 통해 의미를 추론할 수 있어야 진짜 어휘력이 늘어납니다.

안 그래도 공부할 것이 많아 시간이 부족한 고등학교 때 단어 공부에 매달리는 경우는 대개 학원 테스트 때문입니다. 물론 영어 공부 방법을 잘 몰라 단어만 파는 아이들도 있습니다. 하지만 정시는 몰라도, 내신에서는 별 도움이 되지 않습니다. 게다가 고등학교 3학년까지 꾸준히 영어를 공부해 왔다면 수능 어휘에서 곤란을 겪을 일도 거의 없지요. 결국 단어만 따로 외우는 것은 큰 의미가 없는 셈입니다. 내신을 대비하기 위해서는 시험 범위 안에서 모르는 단어를 빠짐없이 정리하고, 중요한 단어는 유의어 몇 개를 함께 익혀두는 편이 좋습니다. 실제 시험에는 단어만 살짝 바꿔 출제하는 경우가 많으니까요.

현실은 이런데 왜 아이들은 영단어 외우기에 집착할까요? 여기에는 공부법에 대한 불편한 진실이 숨어 있습니다.

익숙한 것이 편해, 공부법 경로 의존성

'경로 의존성'이라는 말이 있습니다. 열차가 레일을 벗어나지 못하듯, 습관으로 굳어진 행동 양식은 쉽게 바뀌지 않고 기존 방식을 고수합니다. 공부법도 마찬가지입니다. 학습 방식이 한 번 자리 잡으면 바꾸기가 쉽지 않습니다. 특히 어릴 때부터 차근차근 주도적으로 공부해 온 것이 아니라, 사교육에 의존해 온 경우라면 더욱 그렇습니다.

아이들은 저마다 익숙한 공부법이 있습니다. 주어진 환경 속에서 자연스럽게 굳어진 습관이지요. 문제는 이 환경이 결코 만만치 않다는 데 있습니다. 우리나라에서는 아이들의 공부 에너지보다 부모의 열망이 항상 앞서기 때문입니다. 아이는 이제 덧셈·뺄셈에서 실수하지 않을 수준인데, 부모는 곧바로 구구단을 외우라고 요구하지요. 버거워도 해내면, 바로 다음 과제가 주어집니다. 이처럼 압박이 큰 환경에서 아이들은 자신의 공부법을 제대로 점검할 여유가 없습니다. 그저 하던 대로 공부하고, 다시 책상에 앉기를 반복할 뿐입니다.

일단 부모는 아이가 책상에 앉아 있으면 안도합니다. 그래서 정작 아이가 어떻게 공부하는지는 놓치기 쉽지요. 공부는 본질적으로 내면에서 일어나는 활동이기에, 결과가 나오기 전까지 그 과정을 정확히 파악하기 어렵습니다. 학생은 학생대로 자신의 공부법을 성찰하고 조정하기가 쉽지 않고, 부모는 부모대로 아이가 지식을 어떻게 받아들이고 처리하는지 알기 어렵습니다. 그러다 보니 학습의 원인과 결과를 제대로 연결하지 못하지요. 성적이 나온 뒤에는 '우리 아이가 왜 이것밖에 못 하지?'라는 생각으로 학원을 바꾸거나, 교사에게 관심을 가져달라고 부탁하는 것이 전부입니다.

그러나 학년이 올라갈수록 학습 범위는 넓어지고 개념은 깊어집니다. 대입 제도와 조건도 계속해서 바뀌지요. 당연히 그에 맞춰 공부법을 조정해야 하지만, 많은 아이들이 경로 의존성에 갇혀 익숙한 방식만 반복합니다. 학원 공부는 이런 현상이 더 두드러집니다. 개념을 이해하는 것보다는 어떻게든 더 빨리 답을 찾는 훈련에 집중하기 때문입니다. 바로 이 지점에서 학습의 한계가 드러납니다. 결국 아이에게 필요한 것은 새로운 공부법이 아니라, 스스로 자신의 공부법을 점검하고 성찰할 수 있는 사고 습관입니다.

메타인지 발달의 세 단계

자신의 공부 방식에 문제가 있다는 것을 알아차려도, 그것을 고치는 일은 쉽지 않습니다. 공부법은 아이가 책상에 처음 앉은 순간부터 초등학교 시기를 거치며 서서히 형성되고 굳어지기 때문입니다. 타고난 기질과 가정환경, 학교에서의 경험이 복합적으로 작용해 각자의 학습 방식이 형성됩니다.

이렇게 만들어진 공부법은 10년 넘게 학교 공부와 시험에 대응하며 다듬어진, 일종의 전략 체계라 할 수 있습니다. 게다가 그 방식으로 성과를 쌓아온 경험이 있기에, 자신만의 공부법에 대한 확신도 존재합니다. 그래서 바꾸기가 더욱 어렵습니다. 설령 교사나 전문가가 공부법의 한계를 짚어주더라도, 막상 혼자 공부할 때는 다시 익숙한 방식으로 돌아가 버리곤 합니다.

공부법을 바꾸는 것은 단순히 기술의 문제가 아닙니다. 이는 학습 주도성, 자기조절능력과도 깊이 연결되어 있습니다. 어떤 공부 방법이 효과적인지 스스로 점검하고, 잘못된 습관을 인지한 뒤 새로운 전략을 시도하려면 꽤 높은 수준의 자기 인식과 실행력이 필요하거든요.

따라서 진짜 나에게 맞는 공부법을 찾으려면 먼저 자신의 공부 습관과 방식을 점검해야 합니다. 어떤 상황에서 가장 집중이 잘 되는지, 어떤 유형에서 실수를 자주 하는지, 어떤 과목에서 시간이 부족한지 등을 객관적으로 살펴보는 것이지요. 이렇게 스스로를 돌아보는 능력이 바로 메타인지입니다.

메타인지는 '자신이 무엇을 알고 있고, 무엇을 모르는지를 아는 능력'입니다. 이 능력이 발달해야 자신의 공부 상황을 객관적으로 판단하고, 필요한 전략을 세울 수 있습니다. 어떤 개념이 제대로 이해되지 않았다는 것을 스스로 깨닫고, 그 내용을 다시 복습하거나 질문을 던지는 것은 메타인지가 잘 작동하고 있다는 신호입니다. 반대로 메타인지가 부족하면 자신이 무엇을 모르는지조차 인식하지 못한 채 익숙한 방식만 되풀이합니다. 설명을 들었을 때는 알 것 같다며 고개를 끄덕이지만, 막상 문제를 풀면 실수를 반복하는 것도 마찬가지입니다. 메타인지는 자신의 학습 유형을 이해하는 데도 핵심적인 역할을 합니다. 스스로를 객관적으로 돌아볼 수 있어야 어떤 방식의 공부에 강하고 약한지를 파악할 수 있으니까요.

메타인지는 세 단계를 거쳐 발달합니다. 첫 번째는 공부의 목적을 설정하는 것입니다. 세상과 나 사이의 관계를 고려해 학습의 이유를 이해하고, 스스로 목표를 세우는 단계이지요. '나는 왜 공부할까?'라는 목적의식이 생기면 공부의 방향과 집중의 질이 확연히 달라집니다. 영어를 배울 때도 마찬가지입니다. 유학을 준비하거나 외국인과 대화를 하고 싶은 학생이라면 말하기·듣기·쓰기 능력을 균형 있게 키우려 할 것이고, 수능이나 토익을 목표로 한다면 어휘와 독해에 집중하겠지요. 수학도 다르지 않습니다. 수학적 역량이 요구되는 학과를 목표로 하는 학생이라면 최고 난도의 문제에 도전하며 실력을 끌어올립니다.

공부의 목적을 명확히 인식할수록 아이는 목표를 달성하기 위해 학습 방향을 세우고, 그에 맞춰 자신의 공부법을 조정할 수 있습니다. 그러나 공부의 목적이 성적이나 취업처럼 단기적인 성과에만 머물면, 시야가 좁아지고 공부의 본질을 놓치기 쉽습니다. 성적 같은 지표로만 성취를 판단하면, 학습 과정의 점검이나 사고력·창의력 확장 같은 근본적인 성장은 뒷전으로 밀리기 때문입니다.

반대로 공부의 목적을 가치 중심으로 설정하면 메타인지가 작동하여 공부법에 대한 성찰이 자연스럽게 이루어집니다. 가치 중심이라고 해서 거창할 필요는 없습니다. 어떤 아이는 부모님을 기쁘게 해드리고 싶어서 공부합니다. 다른 아이는 경쟁을 즐기며 그 과정에서 자신의 성장을 확인하고 그것을 타인에게 보여주고 싶은 마음에 공부하지요. 또 다른 아이는 미래에 대한 불안을 줄이기 위해 계획을 세우고 실천하는 데서 의미를 찾습니다.

이처럼 관계성, 성장, 미래와 같은 상위 개념을 공부의 목적으로 삼으면, 번아웃을 예방하면서도 학습 의욕을 오래 유지할 수 있습니다. 아울러 공부법에 대한 성찰과 조정이 이루어져 배움의 방향이 한층 뚜렷해집니다. 결국 실용적인 목표는 유지하되 그것을 상위 가치와 병행해 설정하는 것이 바람직합니다. 그래야 단기 성과에 매몰되지 않으면서도 장기적 성장을 견인하는 메타인지가 살아납니다.

메타인지 발달을 위한 두 번째 단계는 현실적인 목표를 세우고, 그것을 실천해 가는 과정에서 자신의 현재 상태를 점검하는 것입니다. 현실에서 많은 아이들이 경쟁의 압박이나 불확실한 미래 때문에 쉽게 좌절합니다. 성과가 당장 보이지 않는다고 해서 공부 자체를 포기하는 것은, 메타인지가 충분히 형성되지 않아 나타나는 전형적인 현상입니다. 자신이 어디에 서 있는지, 어떤 목표를 향해 나아가야 하는지를 너무 단기적인 시야에서만 바라보기 때문이지요.

미래 사회는 오히려 기회의 폭이 훨씬 넓습니다. 대학 입시에만 목표를 한정하지 않는다면, 자신의 관심사와 강점을 살려 콘텐츠 제작이나 서비스 산업, 혹은 전문 직업 분야로 나아갈 수 있습니다. 공부를 통해 쌓은 지식 역시 지금보다 더욱 다양하게 활용될 수 있지요. 따라서 장래 희망과 연관된 현실적인 목표를 세우고, 그에 맞춰 내신과 정시 등 구체적인 학습 전략을 수립하는 것이 바람직합니다.

많은 아이들이 어려움을 겪는 이유는 첫 단계에서 공부의 목적을 분명히 세우지 못하고, 두 번째 단계에서도 목표를 지나치게 좁게 설정하기 때문입니다. 결국 중요한 것은 아이가 공부 방향을 주도적으로 설계하고, 현재 자신의 상태를 객관적으로 점검할 수 있게 돕는 일입니다. 이 두 단계만 제대로 잡혀도 아이의 공부 동기와 태도는 크게 달라질 수 있습니다.

메타인지 발달의 세 번째 단계는 구체적으로 자신의 학습 상황을 진단하는 것입니다. 나의 학습 유형이 사냥꾼에 가까운지 파수꾼에 가까운지, 수업·문제풀이·개념이해 중 어디에 가장 집중하는지를 살펴봐야 합니다. 그리고 앞선 두 단계에서 세운 공부 목표에 맞게 학습 계획이 잘 짜여 있는지, 불필요하게 시간과 노력이 투입되는 부분은 없는지도 점검할 필요가 있습니다.

이 과정에서 중요한 것은 중립적인 평가 태도입니다. 수학 공식이나 영단어를 외우는 것이 어렵다고 해서 '난 암기력이 떨어져'라고 단정 짓기보다는 암기 상황에서 자신이 어떻게 반응하는지를 먼저 살피는 것이지요. 실제로 능력이 부족한 것이 아니라, 반복해서 외우는 공부 방식에 매력을 느끼지 못해서일 수도 있습니다. 그런 경우 내용을 빠르게 훑고, 바로 문제풀이로 넘어가는 경우가 많거든요. 따라서 정말로 암기력이 부족한 것인지, 아니면 암기에 흥미를 느끼지 못해 문제풀이를 더 선호하는 것인지를 구분할 필요가 있습니다. 만약 후자라면 단순히 암기 시간을 늘리기보다 배경 지식이나 맥락을 함께 제공해 주면 훨씬 수월하게 기억할 수 있습니다. 이렇게 하면 불필요한 좌절감 없이 자연스럽게 공부법을 개선

할 수 있지요.

이처럼 세 단계를 거쳐 메타인지가 발달하면, 아이는 자신의 현재 상태를 객관적으로 파악하고 그에 맞는 공부 전략을 선택할 수 있습니다. 불필요한 시간 낭비를 줄이고, 자신에게 맞는 방법을 찾아 학습 효율을 높이게 되지요. 또한 이 과정에서 부모와 교사도 아이의 학습 상황을 보다 정확히 파악할 수 있어, 아이와 함께 세운 목표를 현실적이면서도 이상적인 방향으로 조정할 수 있습니다.

아이들은 '나는 누구이며 어떤 사람인가'라는 주제를 무척 좋아합니다. MBTI나 별자리 이야기에 열광하는 것도 이런 이유에서지요. 따라서 학습 상황을 피드백할 때도 무작정 학습량을 늘리라고 하기보다, "너는 논리적 사고가 잘 발달된 학습자야. 이해가 되면 훨씬 더 잘 받아들이지."라고 짚어주는 것이 더 이롭습니다.

학교에서는 아이들의 특성을 파악하기 위해 적성검사나 심리검사, 협력 학습 프로그램 등을 실시합니다. 이러한 활동은 메타인지를 기반으로 공부법을 개선할 수 있는 좋은 기회가 되기도 합니다. 그러나 메타인지 발달의 앞선 두 단계가 제대로 형성되지 않은 상태라면, 마지막 단계인 학습법 개선은 방향을 잃기 쉽고, 기대한 효과를 거두기도 어렵습니다.

그래서 필요한 것이 바로 '공부의 가치'와 '공부의 쓸모'에 대한 대화입니다. 아이가 앞으로 어떤 삶을 살고 싶은지, 꿈을 이루기 위해 어떤 능력을 길러야 하는지, 또 그 능력이 어떤 과정을 통해 발달하는지를 상상력과 현실적인 관점을 고려해 이야기하는 것이지요.

이러한 논의가 단순한 대화에 그치지 않고 구체적인 목표와 연결될 때, 아이는 자신의 특성과 목표에 맞는 공부 전략을 세울 수 있습니다. 그 결과 아이의 학습 태도와 공부법은 양적 변화를 넘어 질적 성장을 이루게 됩니다.

등수 이상의 것을 보여주는 성적표 읽기

"가영이 너는 수업참여 점수가 2점 빠졌네."

"네."

"그래도 1등급은 나오겠다만… 딱 열 번만 채우면 좋았을 텐데. 좀 신경 쓰지 그랬어?"

"막판에 수학에 집중하느라 영어에 신경을 못 썼어요."

"알았다. 수고했어."

중·고등학교에서는 시험을 볼 때마다 학생들에게 성적 확인을 받습니다. 학생들이 자신의 성적을 확인하고 서명을 함으로써 시험 문제의 공정성이나 정확성에 합의하는 절차입니다. 보통 점수에 이상은 없는지, 성적에 아쉬운 부분은 없는지 같은 대화가 오고가지요.

한 학기 동안 왁자지껄한 교실 속에서 수업을 이끌고, 네 차례의 수행평가와 두 번의 시험을 치른 뒤 맞이하는 성적 확인의 시간은 언제나 부담스럽습니다. 딱 2점이 모자라 1등급을 놓치고 울음을 터뜨리는 아이, 한 학기 내내 최선을 다했지만 원하는 결과를 얻지 못해 어두운 표정을 한 아이를 마주해야 하기 때문입니다.

가영이와 마주한 그날도 마음을 졸이며 성적일람표를 들고 교실로 들어갔습니다. 출석번호 1번인 가영이의 이름을 부르고 성적표를 확인하는데, 수업참여 점수가 2점이나 빠져 있는 것을 발견했습니다. 평소 늘 상위권을 지켜오던 학생이라 순간 의아했습니다. 성실한 이 학생이 왜 수업참여 점수에서 감점을 받은 것일까요? 가영이의 영어 성적은 이랬습니다.

중간고사 97.4점
기말고사 95.8점
EBS 듣기평가 만점
어휘평가 9.8점 (-0.2점)
수업참여 8점 (-2점)
영어 에세이 만점

가영이는 난도가 높은 편인 우리 학교 영어시험에서 중간과 기말 모두 딱 한 문제씩만 틀렸습니다. 성적은 당연히 1등급이었지요. 그런데 의외로 수업참여에서 감점을 받았습니다.

수업참여 점수는 한 학기 동안 이어지는 활동형 수행평가입니다. 제 수업에서는 아이들이 자율적으로 영어 문장을 만들어 칠판에 적는 것이 과제였습니다. 그 횟수를 열 번 채우면 만점이었고요. 학급의 절반 이상이 만점을 받을 만큼 어렵지 않은 과제이면서, 동시에 수업의 핵심이 되는 활동이기도 했습니다. 아이들이 만든 문장을 바탕으로 문법 수업을 진행하며 각자의 문법 지식과 어휘 수준을 진단할 수 있었고, 그 결과는 서술형 평가를 설계할 때 중요한 가이드라인으로 활용되었습니다.

크게 어렵지 않은 과제인데, 어째서 우등생인 가영이는 수업참여에서 감점을 받았을까요? 가영이는 모둠을 짜서 같이 과제를 수행하거나 활동형으로 진행되는 수업에 매력을 느끼지 못하는 학생이었습니다. 학원에서 선행학습으로 대부분의 공부를 마친 탓에, 학교 수업에서 새롭게 배울 부분이 거의 없었지요. 가영이에게 수업은 배움의 시간이라기보다, 시험에서 혹시 모를 실수를 줄이기 위해 내용을 점검하는 시간에 가까웠습니다. 그래서 영어 성적의 다른 평가 항목들은 모두 안정권으로 맞춰놓고, 수업참여는 최소한으로 유지한 것입니다. 그리고 원하는 성적을 얻어냈지요. 굉장히 전략적인 선택입니다.

가영이의 성적 확인이 끝나고, 몇 순번 뒤에 나은이가 나왔습니다.

"나은이는 다른 건 다 잘 하는데. 지필이….”
"쌤. 진짜 시험은 잘 못 보겠어요.”
"듣기는 만점이잖아. 어떻게 공부했어?”
"저 듣기는 잘해요.”
"중학교 때보다 많이 어려워?”
"넵. 진짜 어려워요.”

나은이의 성적은 이러했습니다.

중간고사 55.7점

기말고사 52.2점

EBS 듣기평가 만점

어휘평가 7.6점 (-2.4점)

수업참여 만점

영어 에세이 만점

평소 수업에 적극적으로 임하는 나은이는 수업참여 점수와 영어 에세이 모두 만점이었고, 듣기평가도 완벽했습니다. 특히 영어 에세이 평가는 만점을 받기 까다로운 과제였는데, 여기서 만점을 받았다는 것은 학습 능력이 충분하고, 앞으로 영어 실력이 향상될 가능성이 높다는 뜻이기도 합니다. 그런데 이상하게도 지필평가 성적은 딱 평균입니다. 나은이는 어떤 이유에서 이런 성적표를 받은 것일까요?

나은이와 이야기를 나눠보니, 중학교 때보다 훨씬 높아진 수업 수준과 시험 난도에 잘 적응하지 못하고 있었습니다. 듣기와 에세이는 만점이지만, 지필과 어휘평가 점수가 낮은 것은 시험에 대한 대처가 약하고, 기초 어휘에 구멍이 나 있다는 것을 보여줍니다. 따라서 앞으로는 단어 공부에 더 집중할 필요가 있습니다.

그렇게 성적표를 함께 들여다보며 이야기를 나누다 보니, 아이들의 성향과 학습 태도가 조금씩 읽히기 시작했습니다. 어떤 아이는 성적을 안정적으로 관리하기 위해 전략적으로 움직였고, 또 어떤 아이는 실력은 충분했지만 시험에 익숙하지 않아 기대만큼의 결과를 얻지 못했습니다. 그렇게 점수 너머의 아이들 모습을 하나둘 이해하게 되었지요.

아이들 역시 달라졌습니다. 성적표를 앞에 두고 나누는 대화에 집중하며, 교사의 말을 진지하게 들었습니다. 숫자로 가득한 성적표가, 그날부터는 학생과 교사 모두에게 서로를 이해하는 대화의 출발점이 되었습니다.

아이들을 웃게도 울게도 만드는 성적표. 대체 성적표란 우리에게 어떤 의미일까요?

왜 성적표는 우리를 괴롭힐까?

어느 시험이든 아이들을 석차에 따라 죽 늘어세우면 만족스러운 성적을 거둔 아이는 열 명 중 한 명이 될까 말까 합니다. 대부분의 아이들은 한두 과목 때문에 속상해하고, 한두 문제 차이로 울기도 합니다. 성적표를 반갑게 받아드는 일은 무척 드뭅니다. 열에 아홉은 성적표를 보여주는 것을 꺼려 하지요.

이런 모습이 너무 익숙해져서일까요? 성적표를 앞에 두고, 아이와 차분하게 대화를 나누는 모습은 좀처럼 보기 어렵습니다. 대신 일방적인 꾸중과 변명, 혹은 어색한 침묵이 흐르는 장면을 더 자주 보게 되지요. 대체 성적표가 뭐길래, 우리를 이렇게 힘들게 하는 걸까요? 성적표를 보는 일이 괴로운 것은 정말 피할 수 없는 일일까요?

사실 우리를 괴롭게 하는 것은 성적표 위에 적힌 숫자 그 자체가 아닙니다. 그것을 보고 밀려오는 불안과 두려움입니다. '이대로 괜찮을까?', '앞으로 더 떨어지면 어쩌지?' 하는 생각들이 우리를 힘들게 하지요. 그리고 그 불안은 성적표를 숫자만으로 해석하는 태도, 즉 점수를 곧 아이의 능력이나 미래와 동일시하는 데서 비롯됩니다.

성적표는 단순히 점수와 등수가 적힌 종이가 아닙니다. 그 이상의 것들이 훨씬 많이 담겨 있지요. 성적표는 단지 수치로 드러나는 결과뿐 아니라 공부의 목적과 계획, 과정, 그리고 그에 따른 결과까지 모두 보여줍니다. 따라서 성적표를 볼 때는 숫자만 확인하는 데 그치지 말고, 그 숫자가 무엇을 의미하는지, 그리고 아이의 전체적인 학습 과정이 어떤 흐름을 보이는지를 함께 읽어내야 합니다.

만약 영어에서 어휘 점수가 낮다면, 단순한 '암기 부족'이 아니라 학습 방법과 루틴을 점검해야 한다는 신호일 수 있습니다. 진정한 어휘력은 글의 앞뒤 맥락 속에서 의미를 유추하고 활용하는 연습을 통해 자라기 때문입니다. 국어에서 비문학 점수가 낮다면, 지문을 읽고 정보를 구조화하거나 논리적 추론능력이 아직 충분히 다듬어지지 않았기 때문일 가능성이 큽니다. 비문학 문제는 문해력은 기본이고, 사고력과 분석력까지 요구하기 때문이지요. 또 수학의 기하나 명제 단원에서 어려움을 보인다면, 이는 계산력보다는 논리적 사고력과 창의적 문제해결력을 키워야 한다는 의미일 수도 있습니다. 이 단원들은 연산과 더불어 추론과 논증 과정을 이해하는 능력을 평가하기 때문입니다. 이처럼 성적표는 아이의 현재 상태를 알려주는 진단서이자 학습의 방향을 알려주는 지시판이기도 합니다.

아울러 문제를 왜 틀렸는지 더 깊이 들여다볼 필요가 있습니다. 같은 문제를 틀려도 이유는 제각각입니다. 관련 내용을 아예 몰라서, 출제 의도나 표현이 낯설어서, 비슷한 개념이 섞여 헷갈려서 틀렸을 수도 있습니다. 시간 배분을 잘 못해 문제를 다 풀지 못했을 수도 있지요. 그래서 아이와 함께 '왜 틀렸는지'를 차분히 말로 풀어보는 시간이 필요합니다. 그 과정을 통해 원인과 대안을 찾고, 다음 시험에서 사소한 실수부터 줄여나갈 수 있으니까요.

이렇게 보면, 성적표는 아이와 나눌 이야기가 참 많은 종이입니다. 그런데 현실은 그리 녹녹지 않습니다. 초등학교에서는 공식적인 시험이 거의 없어 성적표가 나오지 않고, 나온다 해도 아이의 학습 태도를 구체적으로 파악하기 어렵습니다. 담임선생님의 생활평이 그나마 단서를 제공하지만, 그것만으로는 아이의 학습 전반을 이해하기에 턱없이 부족하지요.

학원에서는 또 다른 문제가 생깁니다. 점수와 석차만이 강조되다 보니, 성적표를 받는 순간 부모는 '우리 아이가 너무 뒤처진 건 아닐까?' 하는 생각에 겁부터 납니다. 아이의 공부에 확신이 없을수록 그 불안은 걷잡을 수 없이 커지지요. 조급한 마음에 학습 방향을 이리저리 바꾸다 보면, 중학교에 들어가서도 매 학기 성적표를 받을 때마다 두려운 마음으로 결과를 맞이하게 됩니다.

성적표는 분명 중요합니다. 학원을 계속 다닐지, 어떤 과목에 더 집중해야 할지, 앞으로의 학습 방향을 결정하는 여러 판단이 성적표를 바탕으로 이루어지기 때문입니다. 하지만 그

한 장의 종이가 부모의 손에 들어오기까지는 생각보다 많은 과정이 필요합니다. 수업과 수행평가, 시험과 채점, 교사의 검토와 조정 등 여러 단계를 거쳐야 비로소 완성됩니다. 게다가 단 한 번의 시험, 한 장의 성적표만으로는 아이가 현재 어떤 상태에 있는지를 온전히 판단하기 어렵습니다.

성적표를 단순히 숫자로만 읽으면 불안은 커지고, 숫자 너머의 가능성은 보이지 않습니다. 하지만 그 안의 맥락을 함께 읽기 시작하면, 성적표는 점수표가 아니라 아이의 성장 경로를 보여주는 지도가 됩니다.

그렇다면 우리는 어떻게 성적표를 읽어야 할까요? 성적표가 아이의 성장을 멈추게 하는 종이가 아니라, 다음 배움을 위한 밑거름이 되려면 어떻게 해야 할까요?

성적표 제대로 읽는 법

영어권 국가에서 시험은 'Examination'입니다. 이 단어를 영어사전에서 찾아보면, 시험 말고도 검토, 조사, 검사라는 뜻이 같이 나옵니다. 우리가 일상적으로 사용하는 '시험'이라는 의미에 더 적합한 단어로 'Test'가 있지만, 교육적 측면에서 'Examination'이라는 단어가 더 타당하기 때문에 공교육에서는 어느 나라나 이 단어를 사용합니다.

이처럼 시험의 목적은 학생들을 줄 세우는 데 있지 않습니다. 따라서 시험의 결과인 성적표 역시 학습자의 현재 상태를 점검하고, 배움의 과정에서 앞으로 무엇을 보완해야 하는지 확인하는 지표로 쓰여야 합니다. 높은 점수를 받는 학생이 시험마다 비슷한 실수를 한다면, 단순한 부주의가 아니라 주의력이나 시험 태도 문제일 수 있습니다. 이럴 때는 시간 배분을 조정하거나, 문제를 푼 뒤 검토하는 습관을 들이는 등 집중력과 주의력을 보완할 방법을 찾아야 하지요. 이것이 평가의 본래 목적입니다.

앞서 살펴본 가영이의 성적표에는 전략적인 학습 태도가 잘 드러나 있습니다. 필요한 점수를 계산하고, 그에 맞춰 공부 전략을 세우고 실행한 점에서 효율적인 학습자의 면모를 엿볼 수 있지요. 하지만 그 전략에는 위험 부담이 따릅니다. 시험에서 반드시 최상위 점수를 받아야만 유지되는 방식이기 때문입니다. 가영이가 이번 시험에서 좋은 결과를 얻은 것은 사실이지만, 만약 문제가 조금만 더 어렵게 출제되었다면 1등급을 장담하기는 어려웠을 것입니다. 더 근본적인 문제는 이런 학습 방식이 배움의 즐거움을 서서히 빼앗는다는 점입니다. 그래서 교사로서 저는 가영이에게 수업에 더 많이 참여할 것을 조언했습니다. 수업 시간의 탐구 활동과 친구들과의 토론 속에서 얻는 언어의 감각적 경험은 시험 점수보다 훨씬 오래 남는 자산이기 때문입니다.

반면 나은이의 성적표는 전혀 다른 이야기를 들려줍니다. 수업에 성실히 참여하고 수행평가에서도 좋은 결과를 냈지만, 지필평가는 평균 수준에 머물렀습니다. 그렇다고 영어 실력이 부족한 것은 아니었습니다. 단지 고등학교 시험이라는 새로운 형식에 아직 적응하지 못한 탓이 컸지요. 그러나 수업 태도와 수행평과 결과를 종합해 볼 때, 나은이는 충분한 잠재력을 지닌 학생입니다. 따라서 당장의 점수에 흔들리기보다는 자신의 대한 믿음을 갖고 장기적인 관점에서 성적을 올릴 학습 전략을 세우는 것이 필요합니다. 방과후 수업을 통해 부족한 부분을 채우거나 다양한 유형의 문제를 꾸준히 풀어보는 연습을 이어간다면 나은이는 자기가 원하는 성적에 도달할 수 있을 것입니다.

이처럼 성적표는 아이마다 다른 배움의 맥락을 품고 있습니다. 한 장의 종이에는 점수뿐 아니라 아이의 공부 습관과 전략, 그리고 사고방식의 흔적까지 고스란히 담겨 있지요. 따라서 성적표를 읽는다는 것은 점수를 평가하는 일이 아니라, 그 안에 담긴 전반적인 학습 상황을 진단하고 앞으로의 성장 방향을 함께 모색하는 일이어야 합니다.

물론 성적표를 제대로 읽기 위해서는 어느 정도의 전문성이 필요합니다. 하지만 아이와 성적표를 보며 충분히 대화하는 시간을 가진다면, 부모 역시 아이의 현재 학습 상황을 잘 진단할 수 있습니다. 과목마다 어떤 어려움이 있는지, 어떤 도움이 필요한지 이야기하다 보면, 시간이 지날수록 아이의 공부 패턴이 점점 더 또렷하게 보이거든요.

그런데 이 과정에서 꼭 필요한 것이 있습니다. 바로 관찰입니다. 아이의 학습 상황을 제대로 파악하려면, 아이가 직접 들려주는 이야기뿐 아니라 일상에서 드러나는 여러 가지 단서가 필요합니다. 아이가 공부할 때 집중력이 얼마나 지속되는지, 금세 싫증을 내고 다른 일로 주의가 옮겨가지는 않는지, 개념이해 없이 문제풀이에만 매달리고 있지는 않은지를 꾸준히 살펴야 하지요. 이렇게 아이의 학습 태도를 관찰한 데이터가 쌓이면, 성적표를 두고 아이와 나누는 대화의 질이 달라집니다. 아이의 학습 패턴을 정확히 진단할 수 있어, 무엇을 어떻게 도와야 할지 구체적인 대화로 이어질 수 있기 때문입니다.

하지만 이런 '성적표 독해력'은 한순간에 생기지 않습니다. 아이의 발달 단계를 이해하고, 학습 습관을 꾸준히 관찰해야 조금씩 길러지지요. 특히 아이가 초등학교를 지나 중학교, 고등학교로 갈수록 그 중요성은 점점 커집니다.

그런데 현실적으로 아이의 학습 과정을 세밀하게 알아내는 일은 생각보다 쉽지 않습니다. 꾸준한 관찰과 대화의 중요성을 알더라도, 부모가 늘 아이 곁에 붙어 공부 과정을 일일이 들여다볼 수 없는 노릇이니까요. 어릴 때는 가능할지 몰라도 커갈수록 어려워지지요. 게다가 아이를 감시하듯 지켜보는 것은 학습 주도성을 약화시키고, 자녀와의 관계까지 경직시킬 위험이 있습니다.

다행히 요즘은 기술의 발달 덕분에 아이의 학습 상황을 자연스럽게 공유하고 객관적으로 점검할 수 있는 방법들이 있습니다. 온라인 학습 관리 시스템이나 과목별 학습 리포트처럼 아이의 공부 패턴과 학습 데이터를 시각적으로 보여주는 도구들이 대표적이지요. 이러한 도구들을 잘 활용하면 감시가 아닌 동반자의 시선으로 아이의 학습 과정을 지켜보며, 성적표를 보다 정확히 읽어낼 수 있습니다.

학습 상황 공유와 피드백의 효과

최근 AI를 활용한 다양한 교육 프로그램, 이른바 '에듀테크'가 빠르게 발전하고 있습니다. 이 기술의 가장 큰 장점은 아이가 학습한 데이터를 분석해 구체적인 피드백을 제공해 준다는 것입니다. 단순히 정답과 오답을 보여주는 것이 아니라, 아이의 학습 패턴과 이해도를 진단해 어떤 부분을 보완해야 하는지를 알려주지요.

에듀테크를 통한 학습 피드백은 일정 기간 공부를 해야 작동하기 때문에 제법 설득력 있습니다. 학교와 학원 선생님들이 피드백을 줄 때는 개인의 주관이 개입될 수밖에 없지만, 에듀테크는 AI이기 때문에 아이의 발달 특성에 대해서는 보다 객관적으로 평가하고 코치해 줄 수 있습니다.

그런데 집에서도 에듀테크만큼이나 효과적이면서 손쉽게 아이의 배움을 기록하고 공유하는 습관을 만드는 방법이 있습니다. 바로 가족 사진첩이나 SNS를 활용하는 것입니다. 요즘 유튜브에는 공부 과정을 기록하는 '스터디 로그' 콘텐츠가 인기를 끌고 있지요. 비슷한 원리입니다. 아이가 자신의 공부 과정을 사진으로 남기고 부모에게 공유하는 것만으로도 훌륭한 학습 루틴이 됩니다. 예를 들어 아침 일찍 일어나 예습할 책을 펼쳐 놓고 '06:30, 오늘의 첫 공부!'라는 문구와 함께 인증샷을 남긴다면, 부모는 "멋지다, 오늘도 시작이 좋네."라고 짧게 답해줄 수 있습니다.

겉보기에는 별거 아닌 것처럼 보여도, 이 단순한 소통이 아이에게는 큰 의미가 있습니다. 누군가 자신을 지켜봐 주고 있다는 사실, 작은 수고를 알아봐 주는 한마디의 피드백이 아이의 마음속 '공부 도파민'을 깨우는 강력한 동기가 됩니다.

생각해 보면, 대부분의 집 거실 한켠에는 아이의 키를 잰 흔적이 남아 있습니다. 1센티미터만 커도 기뻐하며 날짜를 적고 선을 그었지요. 공부도 다르지 않습니다. 오늘 단어를 하나 더 외운 일, 어제보다 조금 더 오래 집중한 시간 같은 사소한 변화들이 쌓이면서 아이는 조금씩 성장합니다. 그 과정을 부모가 기록하고, 축하하고, 기억해 줄 때 아이는 자신이 자라고 있다는 뿌듯함을 느낍니다. 그리고 그 성취감이 아이를 다시 책상 앞으로 이끌어주는 힘이 되지요.

이렇듯 아이의 배움의 순간을 함께 기록하고, 그때마다 따뜻한 격려를 건네는 일은 단순한 칭찬을 넘어 '공부 도파민의 선순환 구조'를 만듭니다. 아이가 자신의 학습 상황 공유하면, 부모가 피드백을 주고, 그 피드백이 다시 아이의 학습 동기로 이어지는 흐름이지요. 이러한 선순환이 반복될수록 아이는 스스로 공부하는 주체로 성장합니다.

그렇다면 부모는 어떤 태도로 이 과정에 참여해야 할까요? 크게 두 가지가 있습니다. 첫째, 성적표라는 결과보다 학습의 과정에 집중해야 합니다. 점수만 보지 말고, 그 결과가 나오기까지 어떤 과정이 있었는지를 함께 살펴보는 태도가 필요하지요. 개념을 잘못 이해했는지, 문제를 읽을 때 서두르다 놓쳤는지, 아니면 확신이 없어서 마지막에 정답을 바꿨는지를 함께 분석해 보는 것입니다. 그래야 단순한 잔소리가 아닌, 아이에게 실질적인 도움이 되는 조언을 해줄 수 있습니다.

둘째, 피드백은 꾸준해야 합니다. 시험 기간에만 관심을 갖는 것이 아니라, 평소에도 아이의 공부 상황을 가볍게 공유받고, 그때그때 짧게라도 피드백을 주는 것이 중요합니다. 사실 부모도 공부 과정의 중요성에 대해 잘 알고 있습니다. 그래서 성적표를 보고 이렇게 말하고는 하지요. "그러게, 평소에 미리미리 공부했어야지. 벼락치기로 공부하니까 성적이 이 모양이지!"

맞는 말입니다. 평소에 미리 공부했어야지요. 하지만 그 말은 아이뿐 아니라 부모에게도 해당됩니다. 부모 역시 평소에 아이의 학습 과정을 살피고, 짧더라도 피드백을 꾸준히 하는 습관을 길러야 합니다. 이런 일상의 피드백이 쌓이면, 아이는 자연스럽게 자신의 공부 상황을 점검하고 부모에게 공유하는 습관을 들이게 됩니다. 결국 부모의 꾸준한 관심이 아이의 학습 태도를 만들어주는 셈이지요.

OECD의 〈미래교육2030〉 보고서에는 아이를 주도적 학습자로 성장시키기 위해서는 교사와 부모의 '협력적 주도성'이 중요하다고 강조합니다. 아이들이 학습 속에서 자기주도성을 발휘하려면, 교사는 그에 맞는 학습 환경을 설계해야 하고, 부모는 일상 속에서 아이의 성장을 꾸준히 지원해야 합니다. 즉 아이의 자기주도성은 부모와 교사의 주도적인 관심과 참여 속에서 자라납니다.

하지만 막상 현실에서는 아이에게 어떻게 공부를 조언해야 할지 막막할 때가 많습니다. 교육 전문가가 아니고, 완벽한 해답을 알고 있는 것도 아니니 그럴 수밖에요. 그래도 걱정할 필요는 없습니다. 학교와 학원에는 이미 아이의 학습을 함께 돕는 전문가들이 많습니다.

 부모의 역할은 슈퍼맨이 되는 것이 아닙니다. 아이의 공부 과정을 꾸준히 지켜보고, 함께 나누고, 작은 성취에도 격려를 아끼지 않는 것. 그 정도면 충분합니다. 나머지는 아이의 본래 힘과 선생님, 그리고 배움을 함께 만들어가는 사람들을 믿으면 됩니다.

반항의 감정이 공부의 불씨가 될 때

"질풍 노도란 '강한 바람'과 '성난 파도'라는 뜻으로 청소년기의 격동적인 감정 생활을 표현하는 말로 사용된다. 즉 청소년은 어른도 어린이도 아닌 주변인이므로, 여러 면에서 좌절과 불만이 잠재하여 극단적인 사고와 과격한 감정을 곧잘 가지며, 정서적인 동요가 심하다."●

반항. 우리가 잘 알고 있는 청소년 시기의 발달 특성입니다. 요즘은 더 빨라졌지요. 열한 살, 열두 살만 되어도 아이의 반항이 본 궤도에 오릅니다. 본격적으로 공부를 해야 할 시기와 아이들의 반항기가 겹치면, 부모의 고민은 깊어집니다. 안 그

● 질풍노도의 시기, 네이버 백과사전, 2007. 2. 20., 이안태

래도 삐딱하게 구는 아이에게 공부까지 시키려니 더 엇나갈까 두렵기 때문입니다.

삐딱선을 타는 것도 요즘은 더 교묘하고 지능적이라서 부모가 늦게 알아차리는 경우가 많습니다. 친구들끼리 공유한 방법으로 차단된 유튜브를 뚫고, 태블릿에 몰래 게임 앱을 깔아서 방학 내내 빠져 있기도 합니다. 스마트 기기에 대한 의존이 심해지고 자기조절능력이 약해지는 시기가 성적이 흔들리는 시기와 정확히 맞물리기에 더 골치가 아픕니다. 디지털 콘텐츠가 주는 자극이 워낙 강렬하다 보니 아무리 지적해도 쉽게 달라지지 않거든요.

청소년기는 자율성을 요구하면서도 자기조절능력은 아직 미숙한 시기입니다. "내가 알아서 할게."라고 말하지만, 실제로는 욕구와 통제 사이에서 끊임없이 흔들립니다. 그래서 스스로 세운 규칙을 지키기 어렵고, 부모와 한 약속도 쉽게 잊어버리지요. 기존의 규칙이나 권위에 도전하거나 반발하려는 마음이 커지는 것도 이 시기의 자연스러운 특징입니다.

그러나 이런 반항은 성장 과정에서 자연스럽게 나타나는 현상입니다. 청소년기는 '나는 누구인가?'라는 질문을 수없이 던지며 정체성을 탐색하고, 부모로부터 독립을 추구하는 시기이기 때문이지요. 따라서 아이들이 보이는 반항은 통제에 대한 저항일 수도 있지만, '스스로 결정하고 싶다'는 자기주도성의 발현이기도 합니다. 아이는 부모라는 거울에 자신을 비춰보며 비판적으로 사고하기 시작하고, 또래의 영향을 받으며 흔들리다가도 시행착오를 거치며 차츰 자신만의 판단 기준을 세워갑니다. 이러한 과정을 통해 사고의 틀이 단단해지고, 독립된 한 인간으로 성장하게 됩니다.

반항에 담긴 긍정적 에너지

반항과 주도성은 맞닿아 있습니다. 스스로 생각한 것을 행동으로 옮기기 위해서는 강한 내적 동기가 필요하지요. 이러한 내적 동기는 다양한 감정에서 출발합니다. 어떤 일에 대해 부당하다고 느끼는 분노, 스스로 선택하고 싶다는 욕구, 무언가를 이루고 싶다는 열망 등이 그렇습니다. 이 감정들은 어른의 눈에는 불필요하거나 다루기 힘든 것으로 보이지만, 사실은 아이가 자기 힘으로 세상을 이해하고 바꾸려는 첫 신호이기도 합니다.

아인슈타인은 "문제를 일으킨 그 사고방식으로는 문제를 해결할 수 없다."고 말했습니다. 이 말은 기존의 틀을 벗어나야 새로운 길이 열린다는 뜻입니다. 새로운 시각은 우리로 하여금 사고방식과 행동, 그리고 관계에 대해 돌아보게 하지요. 그렇게 자신을 성찰하고 변화시킬 때 더 나은 사람으로 성장할 수 있습니다. 그리고 이런 변화는 비판적 의식, 즉 반항하는 마음 없이는 일어나지 않습니다.

자신이 느낀 문제점에 대해 질문을 던지고 해결하려는 과정 속에서 아이의 사고는 점차 넓어지고 깊어집니다. 따라서 아이의 반항을 단순한 고집으로 취급할 것이 아니라, 새로운 사고를 깨우는 씨앗으로 바라봐야 합니다. 반항의 에너지가 건설적인 방향으로 흐르도록 도와준다면, 그 교육적 효과는 몇 배나 커질 것입니다.

긍정적인 반항은 자신이 마주한 부당함을 인식하고, 그것을 바꾸려는 비판적 사고의 시작입니다. 비판과 반항이 주도성과 만나면 아이는 더 깊게 생각하고, 더 다양하게 시도합니다. 그 과정에 자신감을 얻고, 스스로 배우는 주도적 학습자로 변모하지요.

세상에는 '위대한 반항아'들이 있습니다. 중증외상 전문의

인 이국종 교수는 수익 중심의 의료 체계에 맞서 인술을 지켰고, 앤디 워홀은 기존 예술의 경계를 무너뜨려 팝 아트라는 새로운 장르를 열었습니다. 노벨문학상을 수상한 한강 작가의 작품들 역시 소수자와 여성으로서의 저항정신 없이는 설명되지 않지요. 이들은 모두 반항을 통해 새로운 영역을 개척한 사람들입니다.

이들이 어떻게 반항의 에너지를 창조와 변혁의 동력으로 바꾸었는지를 살펴본다면, 그 안에서 우리 아이들의 반항을 긍정적인 에너지로 바꿀 실마리를 찾을 수 있지 않을까요?

반항이 어떻게 학습 동기가 될 수 있을까

반항을 학습 동기로 이끄는 출발점은, 부모의 감정을 개입시키지 않고 아이의 반항을 있는 그대로 해석하는 데 있습니다. 질풍노도의 시기의 아이들은 자신의 감정과 이성적 판단의 발로를 정확히 이해하지 못합니다. 아이 스스로도 통제하기 어려운 감정이 부모의 감정과 뒤섞일 때 큰 다툼으로 번지게 되지요.

아이의 반항에는 복잡한 감정이 얽혀 있습니다. 아이의 속마음, 그것을 받아들이는 부모의 감정, 그리고 부모의 반응에 대한 아이의 감정이 뒤섞이면서 점점 그 본질을 구분하기 어려워집니다. 사실 아이가 느낀 감정과 생각을 이해하고 그 원인을 풀어가면 되는데, 서로에 대한 애착과 기대가 '왜 내 말을 들어주지 않지?', '왜 나를 믿지 않는 거야?'라는 서운함으로 바뀌면서 불필요한 감정싸움으로 번지는 것이지요. 문제의 본질을 보기 위해서는 부모가 자신의 감정을 잠시 분리한 채, 아이가 처음 느낀 감정에 집중해야 합니다.

예를 들어 아이가 학원에 가고 싶지 않다고 할 때는 여러 가지 이유가 있을 수 있습니다. 선생님과의 관계가 불편해서일 수도 있고, 수업 방식이 자신과 맞지 않아서일 수도 있습니다. 체력적으로 부담이 되거나, 다른 활동을 포기해야 하는 상황이 싫어서일 수도 있지요.

그런데 잘 살펴보면 학원에 가기 싫다고 반항하는 아이의 마음에는 '바람'만 존재할 뿐, 부모에 대한 부정적 감정은 존재하지 않습니다. 이때 아이의 말을 충분히 들어주지 않고, 일방적으로 학원에 다니기를 강요한다면, 그 반항의 대상은 부모로 바뀌게 되겠지요.

따라서 아이의 감정을 제대로 이해하고, 그에 맞는 대응 방안을 고민할 필요가 있습니다. 아이의 반항심이 어디에서 비롯됐는지, 그 에너지를 어떻게 긍정적으로 활용할지를 살펴봐야 합니다. 잘만 다루면 반항의 에너지를 정서적·심리적 동력으로 삼아 주도성을 키울 수 있습니다.

아이의 반항심이 주도적 실천으로 발전하기 위해서는, 먼저 '보다 상위의 개념과 가치'에 대한 이해가 필요합니다. 이것이 평범한 학생을 주도적 학습자로 바꾸고, 더 나아가 질풍노도의 시기를 보내는 반항아를 '위대한 반항아'로 변화시켜 줍니다.

아이의 반항심은 자라나면서 형성된 가족, 생활공간, 사회에 대한 인식 사이사이에 겹겹이 놓여 있습니다. 이 다층적 구조에서 많은 부모가 아이의 반항심이 가장 가까이에 있는 자신들에게 쏠릴 것을 두려워하지요. 하지만 아이의 반항은 부모를 향한 감정보다는 더 높은 차원의 문제일 경우가 많습니다. "공부 싫어!"라는 말 속에도 공부를 시키는 부모에 대한 반감보다는, '공부란 무엇인가', '왜 공부해야 하는가'라는 본질적인 물음이 담겨 있습니다.

실제로 아이의 반항은 대부분 부모와의 갈등보다는, 아이 스스로 해결하기 어려운 문제나 불합리한 현실에서 비롯됩니다. 이때 느낀 불편한 감정을 차분히 바라보고, 그 안의 문제의식이 배움으로 이어지도록 돕는다면 반항은 오히려 주도적 성장의 디딤돌이 될 수 있습니다.

이러한 반항의 에너지를 실천적 학습으로 전환하는 방법이 바로 '체인지메이커' 활동입니다. 체인지메이커는 아이가 불합리하다고 느끼는 사회적 문제를 스스로 찾아내고, 그 문제를 개선하기 위한 창의적인 아이디어와 실천 방안을 모색하는 과정입니다. 즉 반항의 감정을 '거부'가 아닌 '변화의 동력'으로 바꾸는 학습이지요.

초등학생이라도 어렵지 않게 참여할 수 있습니다. 예를 들어 해양 폐기물 문제를 다룬 뉴스를 아이와 함께 본다면, 부모가 먼저 "저 문제를 해결하려면 어떻게 해야 할까?"라고 묻는 것이 시작입니다. 그 뒤에 관련 자료를 찾아보며 문제의 심각성을 인식하고, 현실적인 해결 방안을 찾도록 이끌어주면 됩니다. 겉보기에는 PP 공부법과 비슷하지만, 단순한 지식 탐구를 넘어 행동의 변화를 이끌어내는 데 초점을 둔 실천적 학습 방법이라는 점이 다릅니다. 아이의 반항심이 '세상의 불합리함을 바꾸고 싶다'는 실천 의지로 전환되는 것이지요.

급식 줄서기의 불공평함, 반려동물 유기 문제, 학교 내 불공정한 규칙 등 아이들 주변에는 이야기를 나눌 만한 크고 작은 문제들이 많습니다. 이러한 주제들을 체인지메이커 활동을 통해 탐구하며 해결 방안을 고민하는 경험이 쌓이면, 아이는 세상을 비판적으로 바라보는 눈과 스스로 변화를 이끌어내는 힘을 기르게 됩니다.

이 활동의 핵심은 아이의 반항심을 억누르는 것이 아니라, 그 감정이 비판의식과 실행력으로 발전하도록 돕는 데 있습니다. 이때 무엇보다 중요한 것은, 아이의 반항심이 부모를 향한 반감이 아니라 세상의 불합리함과 불편함에 대한 문제의식이라는 점을 이해하고 기억하는 것입니다. 그래야 아이의 반항을 부정하거나 밀어내지 않고, 그 에너지를 주도적 실천력으로 바꾸어줄 수 있거든요.

똑같은 사춘기라도 어떤 아이는 반항심으로 인해 공부를 거부하며 성적이 하락하는 모습을 보이고, 어떤 아이는 그 반항심을 원동력으로 삼아 더 열심히 공부를 하는 모습을 보입니다. 그 차이는 반항의 에너지를 어떤 방향으로 이끌어주느냐에 달려 있습니다.

아이를 믿고, 반항의 에너지가 배움의 주도성으로 전환될 수 있도록 이끌어주세요. 그럴 때 아이는 부모의 통제에 억눌린 수동적 학습자가 아니라, 반항심을 스스로 조절할 수 있는 주도성을 지닌 역경 극복형 학습자로 자랄 수 있습니다.

반항과 '역경 극복형' 학습자

체인지메이커 활동은 아이의 반항심을 건강한 비판의식과 문제해결력으로 전환시켜 줍니다. '이건 이상해.'라는 반항의 감정이 '그럼 어떻게 바꿀 수 있을까?'라는 질문으로 바뀌는 순간, 아이의 사고 안에는 해결 중심의 학습 습관이 자리 잡기 시작합니다.

이러한 경험이 쌓이면 아이는 자신의 문제를 단지 불편함을 넘어 '더 큰 가치의 문제'로 인식하게 됩니다. 특히 청소년기는 세상의 불합리함을 온몸으로 느끼는 시기입니다. 매일 반복되는 지루한 수업, 이것저것 다 안 된다는 학교 규칙, 은연중에 느껴지는 학급 내 차별까지 아이들이 '이거 좀 이상한데?'라고 생각하는 순간이 무수히 많지요.

공부 역시 예외는 아닙니다. 아이들은 종종 사회에 나가면 쓸 일도 없을 것 같은 공식을 왜 외워야 하는지, 시험 점수보다 더 중요한 것이 많은데 왜 성적만으로 평가받는지 같은 의문을 품습니다. 그러다 결국 '왜 공부해야 하지?'라는 질문에 이르게 되지요. 이러한 의문은 게으름에서 비롯된 반항이 아니라, 배움의 의미를 스스로 찾으려는 문제의식입니다. 이때 중요한 것은, 그 감정이 단순한 불만으로 머물지 않게 도와주는 일입니다.

공부에서 답답함을 느낀다면 '어디가 불합리한 걸까', '이 문제를 다르게 접근할 방법은 없을까?' 하고 스스로 묻는 연습이 필요합니다. 공부 과정에서 느낀 불만을 구체적으로 분석하고, 해결 방법을 찾는 과정에서 거부의 감정은 탐구의 에너지로 바뀝니다. 시험 위주의 수업이 답답하다면, 스스로 프로젝트형 학습이나 탐구 중심 활동에 도전해 볼 수 있습니다. 관심 있는 주제를 정해 간단한 실험을 해보거나 가족이나 친구들과 함께 토론해 보는 것도 좋은 방법입니다. 이처럼 감정에서 사고로, 사고에서 실천으로 이어지는 순간 반항심은 학습 동기로 전환됩니다.

공부하다가 마주한 어려움을 헤쳐 나가며 아이는 문제를 끝까지 포기하지 않고 해결하려는 태도, 즉 역경을 이겨내는 자세를 배워갑니다. 이때 중요한 것은 자신이 겪은 실패나 좌절을 불운으로 여기지 않는 것입니다. 오히려 그 과정을 통해 무엇을 배우고, 어떻게 달라질 수 있을지를 스스로 깨달을 때 내적 강인함이 길러집니다. 세상을 보는 시야가 넓어지고 주관도 한층 뚜렷해지지요.

역경은 피해야 할 대상이 아니라 극복해야 할 대상입니다. 아이가 스스로 문제를 인식하고 해결 방법을 찾아 실천하며, 실패를 견디고 성취를 이루는 경험은 그 어떤 배움보다 깊은 자기효능감을 남깁니다. 그리고 그 순간 느끼는 성취와 만족은 노력의 과정에서 얻어지는 가장 순수한 형태의 공부 도파민입니다.

아이들에게 학습의 여정은 단거리 경주가 아니라, 10년 넘게 이어지는 긴 마라톤과도 같습니다. 그 긴 여정을 완주하기 위해서는 장기적으로 주도성을 지탱해 줄 내적 동력이 필요하지요. 그 힘은 현실에 안주하지 않고, 더 나은 길을 찾으려는 반항의 에너지에서 비롯됩니다.

반항은 누구나 성장의 길목에서 마주하는 자연스러운 감정의 파도입니다. 그 감정의 화살이 부모를 향하면 갈등이 되지만, 배움을 향하면 성장의 에너지가 됩니다. 반항은 동시에 부모의 품을 벗어나 스스로 세상으로 나아가려는 첫 시도이기도 하지요. 이 마음이 커질수록 아이 안에서는 '스스로 해낼 수 있다'는 주도성의 힘이 함께 자랍니다. 따라서 반항을 무조건 억누르기보다, 그 에너지가 주도성으로 전환되도록 이끌어주는 것이 중요합니다. 그럴 때 아이의 내면에는 역경을 헤쳐나갈 힘이 자라고, 그 힘은 단순한 학습 능력을 넘어 평생 아이를 성장시키는 가장 특별한 재능이 됩니다.

설레는 공부만이 오래가는 이유

아이들은 놀 때 에너지가 넘칩니다. 운동장이나 놀이터에서 친구들과 뛰어놀 때, 얼굴이 시뻘겋게 달아오를 정도로 땀을 흘려도 좀처럼 지치지 않습니다. 너무 재미있어서 시간 가는 줄 모르고 놀지요.

공부도 본질적으로는 놀이와 다르지 않습니다. 새로운 것을 깨닫고, 모르던 문제를 스스로 해결했을 때 느끼는 짜릿한 기쁨, 그 성취감은 놀이의 즐거움과 닮아 있습니다. 그 순간 아이의 마음속에는 '더 알고 싶다'는 호기심이 피어나고, 그 호기심이 또 다른 배움으로 이어집니다.

하지만 이런 즐거움이 오래가려면 순간의 흥분이 설렘으로 바뀌어야 합니다. 새로운 것을 배우고 싶다는 기대감, 스스로 성장하고 있다는 확신이 더해질 때 공부 도파민은 일시적인 자극이 아니라 배움을 지속시키는 내면의 에너지로 바뀝니다. 설레는 공부만이 오래가는 이유가 바로 여기에 있습니다.

아홉 살에서 열아홉 살까지, 아이의 학습 과정에서 부모가 할 수 있는 가장 중요한 일은 이 설렘이 사라지지 않도록 지켜주는 것입니다. 배움의 순간마다 '이해의 기쁨'과 '해냈다는 뿌듯함'을 자주 경험할 때, 공부는 의무가 아니라 스스로 성장해 가는 여정으로 바뀝니다. 학교 수업이든 친구관계든, 또는 평가와 경쟁의 순간에서도 배움에 대한 흥미와 열정을 잃지 않는다면 자기주도적 공부는 계속 이어집니다.

공부에 설렘과 즐거움이 깃들 때, 배움의 속도와 친구관계

공부의 기본은 수업입니다. 수업에서 설렘과 즐거움을 느낄 때, 공부의 효과는 훨씬 높아집니다. 하지만 모든 학교 수업이 아이들에게 같은 배움의 즐거움을 주는 것은 아닙니다. 교사는 정해진 진도에 따라 수업을 진행해야 하고, 아이마다 배우는 속도는 서로 다르기 때문이지요. 속도가 맞는 아이에게는 수업이 흥미롭지만, 조금 느린 아이에게 수업은 그저 견디는 시간일 뿐입니다.

그렇다면 배움의 속도가 느린 학생은 어떻게 하면 수업에서 설렘과 즐거움을 느낄 수 있을까요? 해답은 의외로 간단합니다. 질문을 통해 수업의 흐름을 자신에게 맞게 조율하면 됩니다. 수업 중 이해가 되지 않거나 막히는 부분이 있을 때, 그때그때 질문을 던져 흐름을 조정하는 것이지요. 이때 질문은 단순히 모르는 것을 묻는 행위를 넘어 수업의 흐름을 자기 배움의 속도에 맞게 조정하려는 능동적인 시도입니다.

어쩌다 한 번이 아니라, 모르는 것이 생길 때마다 질문하라니 학부모로서는 '한 아이가 질문을 너무 많이 하면 다른 아이들에게 피해가 가지 않을까?' 하는 걱정이 들 수도 있습니다. 하지만 너무 염려하지 않아도 됩니다. 질문이 많다고 해서 수업이 이리저리 흔들리는 일은 거의 없습니다. "그것도 정말 좋은 질문이구나. 그런데 우선 진도를 나가야 하니까 쉬는 시간에 좀 더 자세히 설명해 줄게."라는 식으로 수업에 방해되지 않는 선에서 교사가 질문을 적절하게 조절하니까요.

교사에게도 질문은 꼭 필요합니다. 아이들이 어느 부분을 이해하고 있는지, 어디에서 막혔는지를 알 수 있는 가장 확실한 방법이 바로 질문이기 때문입니다. 교사는 질문을 통해 수업의 깊이와 방향을 조정하고, 아이들의 이해 수준에 맞춰 설명을 다듬거나 필요한 부분을 보강할 수 있습니다.

또한 질문은 질문한 아이에게만 도움이 되는 것이 아닙니다. 다른 친구의 질문을 들으며 '아, 나도 그 부분이 헷갈렸는데.' 하고 깨닫는 경우가 많습니다. 누군가의 질문이 막혀 있던 이해의 길을 열어주는 것이지요. 같은 문제라도 친구의 질문을 통해 새로운 접근 방식을 배우기도 합니다. '그렇게도 생각할 수 있구나' 하는 깨달음은 사고를 한층 더 유연하게 만들어줍니다.

중학교에 가면 아이들은 학교생활기록부를 관리하는 법을 배우고, 발표 수업이나 창의적 체험활동, 동아리 활동 등 자신을 표현할 기회를 본격적으로 만나게 됩니다. 이때 질문을 통해 다져진 대화력과 사고력은 무엇보다 강력한 무기가 되지요. 수업 시간에 자주 질문하며 스스로 생각을 정리해 본 아이는 발표나 면접에서도 자기 의견을 논리적으로 풀어낼 줄 압니다. 그렇게 수업에 적극적으로 참여하니 교사의 신뢰가 쌓이고, 그 흔적은 생활기록부에 '수업 참여가 활발함'이라는 문장으로 남습니다. 이 짧은 문장은 단순한 기록이 아니라, 아이의 주도적인 학습 태도를 보여주는 증거가 됩니다.

반대로 수업의 흐름을 따라가지 못하면서도 질문하지 않고 조용히 앉아 있는 아이는 교사의 설명, 친구의 공부, 그리고 사교육의 흐름에 휩쓸려 갑니다. 그렇게 배움의 감각을 조금씩 잃어가면, 수업은 점점 괴로워지고 공부의 즐거움마저 사라지고 맙니다.

하지만 교실에 질문이 살아 있으면 이야기가 달라집니다. 한 아이의 질문이 다른 아이의 생각을 자극하고, 그 질문이 또 다른 질문을 낳습니다. 이렇게 질문이 오가는 교실은 자연스럽게 활기찬 에너지로 가득하지요. 아이들의 참여가 많을수록 집중력과 흥미는 높아집니다. 교사의 설명을 듣는 시간보다, 질문과 대화가 오가는 시간에 아이들의 뇌는 더 활발하게 깨어 있거든요. 공부 도파민이 분비되기 좋은 조건입니다. 이렇게 수업 시간에 적극적으로 질문하는 주도성과 다른 친구의 질문을 경청하는 타율성이 조화를 이룰 때 수업은 '듣고 쓰는 시간'에서 '참여하여 배우는 시간'으로 바뀝니다.

수업의 흐름과 자신의 배움의 속도를 맞추는 일이 중요하듯이, 친구관계 역시 공부에 큰 영향을 줍니다. 친구와 잘 지낼 때는 학교생활이 즐겁지만, 관계가 어그러지면 하루가 길고 힘들게 느껴지지요. 특히 초등학교 시기에는 친구의 말 한마디에 자신감이 오르락내리락 합니다. 이 시기 아이들에게 친구는 학교생활의 중심이기에 관계가 건강하게 유지될 때 공부도 안정적으로 할 수 있습니다.

그런데 아이의 친구관계는 공부만큼이나 어렵습니다. 부모가 아이 마음에 맞는 친구를 만들어줄 수도, 관계에 직접 개입할 수도 없기 때문입니다. 친구 사이에서 벌어지는 일들은 대부분 부모의 손이 닿지 않는 곳에서 일어납니다. 기쁜 일이든 속상한 일이든, 결국 아이 스스로 해결해야 하는 일들이지요. 그렇다고 손 놓고 있을 수만은 없습니다. 직접 도울 수는 없더라도, 아이가 건강한 관계를 맺는 힘, 곧 자존감을 길러줄 수는 있습니다.

자존감이 단단한 아이는 친구관계에서 상처를 받아도 쉽게 무너지지 않습니다. 또래 문화가 복잡해질수록 자존감은 아이의 주도성을 지켜주는 든든한 보호막이 되지요. 스스로를 존중하는 마음이 있어야 타인의 시선에 휘둘리지 않고 자신의 행동과 선택을 조절할 수 있는 힘이 자랍니다. 친구들 사이에서 '나는 주변인이 아니다'라는 건강한 자기 인식이 자리 잡으면, 아이들은 또래 문화에 휩쓸리지 않습니다. 친구들과 더 놀고 싶다는 이유로 공부 시간을 줄이지도 않지요. 자기조절능력을 발휘해 자신만의 공부 리듬을 지켜갑니다.

   자존감과 주도성은 비슷해 보이지만 전혀 다른 힘입니다. 자존감은 '나는 소중한 사람'이라는 마음이고, 주도성은 '나는 스스로 할 수 있다'는 믿음입니다. 자존감이 높다고 해서 언제나 주도적으로 행동하는 것은 아닙니다. 오히려 자존감이 높은 아이가 다른 친구의 주도성을 존중하며 배려할 줄 압니다. 이러한 능력은 유치원에서부터 친구들과 어울리며 자연스럽게 발달하지요.

   그러나 경쟁이 일상화된 요즘 교육 환경에서는 이런 능력이 자라기 어렵습니다. 친구보다 한 걸음 늦으면 뒤처진 것처럼 느껴지고, 그 불안이 자존감을 뿌리째 흔들지요. 이러한 분위기 속에서 주도성은 '함께 성장하는 힘'이 아니라 '남보다 앞서야 하는 힘'으로 오해받기 쉽습니다.

   얼마 전 지인에게 들은 이야기는 이런 경쟁적 분위기를 단적으로 보여줍니다. 아이가 초등학교 4학년인데, 대치동에서도 손꼽히는 유명 학원에 다니고 있다고 합니다. 거의 매일 레벨 테스트가 치러지고, 시험 결과에 따라 수업을 듣는 반이 수

시로 바뀌는 학원이랍니다. 그런데 어느 날, 아이가 학원 근처를 지나가다 같은 반 친구를 만나 반갑게 인사했는데, 그 친구 어머니가 아이를 막아서며 "너 왜 우리 애한테 말 거니?"라며 날카롭게 말하더랍니다. 지나치게 경쟁적인 학원 분위기가 아이의 친구관계까지 영향을 미친 것이지요. 성적 중심의 문화가 아이뿐 아니라 부모의 자존감마저 위태롭게 만들고 있는 현실입니다.

아이들에게 친구란, 좋든 싫든 교실에서나 시험장에서, 또 진학의 길에서도 함께 걸어가야 하는 배움의 동반자입니다. 관계 속에서 자존감이 단단해지고, 그 자존감 위에서 주도성이 자라지요. 서로에게 좋은 자극을 주는 친구는 경쟁자 이전에 함께 성장하는 훌륭한 공부 메이트가 됩니다.

배움의 속도와 성적의 속도

교실 안에는 성적이 낮더라도 끈기 있게 성적 향상을 위해 노력하는 아이들이 있습니다. 맞춤형 사교육, 방과후 수업 등 아이가 공부를 포기하지 않는 한 배움의 길을 언제나 열려 있지요. 하지만 현실에서는 이 단순한 진리를 지켜내기가 생각만큼 쉽지 않습니다.

많은 아이들이 시험과 성적 앞에서 쉽게 좌절하고 자신감을 잃습니다. 한 번의 결과로 인생 전체가 흔들릴 것 같은 생각에 마음이 무너질 때도 있지요. 그럴 때마다 부모의 마음도 함께 요동칩니다. 학년이 올라갈수록 시험 하나하나에 걸린 무게도 더 크게 느껴집니다. 초등학교 때 학원에서 보는 시험과 고등학교 내신에 반영되는 시험을 같은 마음으로 받아들이기는 쉽지 않으니까요.

그러나 스무살까지, 어쩌면 평생 이어질 배움의 길에서 삶을 스스로 이끌어가는 힘인 주도성의 관점에서 바라보면, 시험과 성적에 대한 생각도 달라집니다.

교실에서 아이들을 지켜보면 모두 각자의 자리에서 최선을 다해 배움을 이어가고 있습니다. 1등급 학생만큼이나 열심히 공부하는 9등급 학생도 있고, 이미 다 아는 내용이라며 수업에 대충 참여하는 학생도 있지요. 또 수업 내용이 잘 이해되지 않아도 질문을 던지며 수업의 흐름을 조정하는 학생도 있습니다. 이처럼 배움의 속도는 수업 내용을 이해하는 데서도 차이가 나지만, 시험 방식에 익숙해지고 원하는 성적에 이르기까지 걸리는 시간에서도 차이가 납니다.

개인적인 이야기를 하자면, 저는 어릴 때 국어와 사회 과목에는 강했지만, 수학과 과학에는 유독 약했습니다. 초등학교 2학년 때 배우는 구구단을 다 외우는 데만 무려 3년이 걸렸습니다. 정말 '노답' 수준이었지요. 하루에 책 한 권씩 읽고, 어려운 사자성어도 줄줄 외우는 아이가 구구단 하나를 외우지 못하니 부모님의 걱정이 이만저만이 아니었습니다. 구구단을 떼게 하려고 여러 방법을 시도하셨지만, 제 배움의 속도를 앞당기지는 못했습니다. 결국 구구단을 다 외우기까지 남들보다 몇 배는 더 많은 시간이 걸렸지만, 그 과정에서 스스로 공부하는 힘을 기를 수 있었습니다. 그 결과 고등학교에 올라간 뒤에는 수학과 과학에서도 상위권 성적을 받을 수 있었지요. 사교육 기간은 10개월 남짓, 특별한 공부법이 있는 것도 아니었습니다. 그저 공부의 주도권을 제 손에 쥐고 있었을 뿐이지요.

당시 부모님은 저를 믿고, 느린 제 배움의 속도를 함께 기다려주셨습니다. 학원을 강요하지 않았고, 다니더라도 흥미가 식으면 언제든 그만둬도 괜찮다고 하셨지요. 읽고 싶은 책은 마음껏 읽게 하셨고, 하고 싶은 일은 스스로 선택하도록 맡겨주셨습니다. 고등학교 때 갑자기 검도를 배우겠다고 했을 때도 "공부나 해라."는 말씀은 한마디도 하지 않으셨습니다. 이러한 부모님의 신뢰가 제 안의 학습 주도성을 지켜주었습니다. 그 덕분에 10년 가까이 뒤처졌던 수학 진도를 1년 만에 따라잡을 수 있었고, 고등학교 3학년이 되었을 때는 배움의 속도와 시험 적응력 모두 최상위권 수준으로 성장해 있었습니다.

배움의 속도는 아이마다 다릅니다. 누군가는 단거리 달리기에 강하고, 누군가는 마라톤에 강한 것처럼 말이지요. 마라톤에 재능이 있는 아이를 단거리 경기에 세워 놓고 '이 아이는 달리기를 못하는군.' 하고 경쟁에서 탈락시킨다면, 그 아이는 자신의 재능을 펼칠 기회를 잃게 될 것입니다. 그러나 경주를 포기하지 않는 한, 마라토너든 단거리 선수든 누구나 각자의 속도로 목표한 지점에 도달할 수 있습니다. 시간의 차이만 있을 뿐이지요. 공부도 이와 다르지 않습니다. 배움이라는 긴 여정에서 시험은 어느 한 지점만을 비춰줄 뿐입니다.

물론 아이들이 경쟁 속에서 살아가야 하는 현실을 부정할 수는 없습니다. 위험한 것은 시험 성적이 곧 아이의 능력을 보여준다고 믿는 시선입니다. 몇 번의 결과로 아이들의 가능성과 잠재력을 단정지을 수는 없지요. 배움의 속도가 시험에서 두드러지지 않더라도 다른 영역에서 더 빠른 성장을 보이는 아이들이 있습니다. 그것은 지적 능력일 수도 있고, 정서적 성숙이나 체력처럼 눈에 잘 드러나지 않는 능력일 수도 있습니다.

배움의 속도가 다르듯, 배움의 길도 모두 다릅니다. 누군가는 사교육의 도움을 필요로 하고, 누군가는 학교 수업과 자기주도학습으로 실력을 쌓아갑니다. 수능으로 대학에 가는 아이가 있는가 하면, 리더십 전형이나 예체능, 지역 인재 전형으로 진학하는 아이도 있지요. 배움의 길에서 하나의 정답은 없습니다. 성적이라는 잣대로 아이의 미래를 재단하지 말아야 하는 이유가 여기에 있습니다.

따라서 아이의 강점을 발견하고, 그 안에서 성취의 기쁨을 경험하게 하는 것이 중요합니다. 강점은 자신감으로, 자신감은 자기효능감으로, 그리고 자기효능감은 다시 학습 주도성으로 이어집니다. 이 과정에서 부모와 교사는 아이의 강점을 단순히 칭찬하는 데서 그치지 않고, 그 강점을 어떻게 다른 배움으로 연결할 수 있을지 함께 고민해야 합니다.

공부의 진짜 목적은 남보다 앞서 가는 것이 아니라, 자기 속도로 멈추지 않고 배움을 이어가는 것입니다. 누군가는 빠르게 이해하고, 누군가는 오래 곱씹으며 배움을 자기 것으로 만듭니다. 중요한 것은 속도가 아니라, 스스로 배우고자 하는 마음을 잃지 않는 일이지요.

아이의 배움을 오래 지속시키는 힘은 학습 주도성과 공부 도파민이라는 내면의 에너지에서 나옵니다. 스스로 배우고 싶은 마음이 도파민을 일으키고, 그 도파민이 다시 주도성을 단단하게 키우지요. 이때 부모의 역할은 아이 안에 이미 존재하는 이 두 힘을 믿고, 이 고유한 에너지가 아이의 강점이 되고, 삶의 무기가 되도록 따뜻하게 지켜봐 주는 것입니다. 그 길 위에서 아이는 배우는 존재로, 부모는 기다려주는 동반자로 성장합니다.

도파민이 샘솟는 즐거운 공부를 스스로 이어가는 아이들, 그런 아이와 함께 걸어가는 부모의 삶은 분명 예전에는 알지 못했던 새로운 배움의 여정이 될 것입니다.

공부 도파민 몰입과 즐거움이 만드는 자기주도학습

Copyright for text © 2025. 김영득 editing & design © 2025. ㈜도서출판 한울림

지은이 김영득 | 편집 박미화 | 디자인 김민서

펴낸곳 ㈜도서출판 한울림 | 펴낸이 곽미순
출판등록 1980년 2월 14일(제2021-000318호)
주소 서울특별시 마포구 희우정로16길 21
전화 02-2635-1400 | 팩스 02-2635-1415
블로그 blog.naver.com/hanulimkids | 인스타그램 www.instagram.com/hanulimkids

첫판 1쇄 펴낸날 | 2025년 11월 20일
ISBN 978-89-5827-154-3   13590

이 책은 저작권법에 따라 보호받는 저작물이므로, 저작자와 출판사 양측의 허락 없이는
이 책의 일부 혹은 전체를 인용하거나 옮겨 실을 수 없습니다.

*잘못된 책은 바꾸어 드립니다.